KB230602

자라게 하신 하나님

인도네시아 OMF : 초기 50년

GOD MADE IT GROW

OMF Indonesia • The First 50 Years

Published by Yayasan Komunikasi Bina Kasih for OMF Indonesia

www.omf.org

자라게 하신 하나님

GOD MADE IT GROW

앤 럭 Anne Ruck 등 외 지음

허영자 옮김

RODEM BOOKS omf

기뻐해야 할 이유 • 마틴 리쯔만(Martin Ritzmann)　7
#1 인도네시아 OMF: 초기 50년　11

온후한 사자 • 조지 스티드(George Steed)　25
#2 미전도 지역에 복음 전하기　29

교회를 위하여 기꺼이 섬기는 종들 • 데이비드 엘리스(David Ellis)　41
#3 교회 세우기　45

하나님의 나라를 확장하는 일에 동참하다 • 마이클 던(Michael Dunn)　57
#4 신학 교육 사역　61

역경과 다양성 • 존 럭(John Ruck)　71
#5 캠퍼스 사역　75

하나님의 은혜로 만난 친구들 • 빠누수난 시레가르(Panusunan Siregar)　87

#6 전인적인 사역　91

다음 단계는 무엇인가? • 알프레드 시만준딱(Alfred Simanjuntak)　101

#7 문헌과 미디어 사역　105

더욱 그분만을 의지하라는 부르심 • 존 수와효(John Suwahjo)　117

#8 OMF 선교지에서 파송 기관으로　121

#8 우리는 함께 기뻐한다　131

1952~2002년 사이의 인도네시아 OMF 멤버들　141

REASON TO REJOICE

기뻐해야 할 이유

마틴 리쯔만 Martin Ritzmann : 2000년~현재, 인도네시아 필드 대표

필드 대표를 맡게 되어 자카르타에 도착했을 때, OMF 센터로 가는 길은 온통 잡석으로 덮여 있었다. 홍수를 대비하여 차도를 높게 하려는 것이었다. 당시 상황은 꼭 이전에 보았던 암본의 모습과 같았다.

내가 처음으로 맡았던 큰 행사는 2000년 11월의 필드 컨퍼런스였다. 컨퍼런스에서 돌아오는데 돌 치우는 장비들을 가득 실은 큰

마틴 리쯔만

트럭 하나가 도로 한가운데에서 꼼짝 못하고 서 있었다. 매우 놀라운 광경이었다.

그때를 계기로 건축이 시작되었다. 기존 건물을 수리하여 새 게스트 홈을 만들고, 홍수가 미칠 수 있는 높이 보다 더 높은 곳으로 사무실을 옮기는 일이었는데, 힘은 들었지만 나름 신나는 과정이었다.

또한 그때 인도네시아는 매우 불안한 시기였다. 정치적으로 불안정했고 경제적으로도 난관을 맞고 있었다. 시위, 폭동, 폭발 사고, 그리고 교회 방화와 같은 일이 벌어졌다. 특별히 미국이 아프카니스탄을 공격했을 때, 상황은 매우 긴장이 되었다.

다른 선교회 지도자들을 만나는 자리에서, 우리가 건축을 하고 있다고 하자 모두 놀라면서 "이런 시기에 이 나라에 돈을 투자하시다니요?"라고 했다. 렛젠 수쁘랍또 28번지에 위치한 소유지를 개발하여 OMF 센터를 이전하는 일에 대해서는, 우리가 인도네시아에 처음 왔던 1989년 이전에 이미 이야기가 되고 있었다. 건축 계획은 외적인 환경을 고려해서 세운 것이 아니고 주님의 시간이 되었다는 믿음 때문에 시작된 것이었다.

그러한 어려움 가운데서도 놀라운 발전이 있었다. 전략 대책을 의논하면서 우리는 앞에 놓여진 과업에 대해서 더욱 분명히 이해하게 되었고, 우리가 감당해야 하는 사명을 위해서 최선의 상태로

미리 준비해 놓을 수 있었다. 우리의 일에는 사람이 결정적인 역할을 하기 때문에 새로운 사역자들을 효과적으로 동원하는 것이 핵심적인 문제였다. 대책 팀이 작성한 전략 문서들은 이 일에 소중하게 사용되었다.

인도네시아 OMF 사역의 초창기 50년을 되돌아보며 나는 전율을 느낀다. 신실하신 주께서는 OMF 멤버들이 사역할 수 있도록 계속 문을 열어 주셨다. 정말 기뻐할 수밖에 없는 이유가 얼마나 많은지! 지금 우리가 시작하고 있는 다섯 가지 사역 그룹이 수백만의 인도네시아 국민들에게 복음 전하는 일을 끝낼 수 있도록 박차를 가하게 되기를 기도한다. 하나님께서는 환경과 상관 없이 당신의 왕국을 건설해 나가신다. 우리는 그분께서 이 땅에 있는 그분의 백성들에게 그렇게 할 수 있는 능력과 은혜와 축복을 주실 것이라고 믿는다.

OMF Indonesia : The First 50 Yrears

#1
인도네시아 OMF : 초기 50년

인도네시아 OMF 초기 50년을 어떻게 요약할 수 있을까? 그 독특한 풍미와 정신, 그 비전과 업적을 어떻게 설명할 수 있을까? 우리는 과거에 어떤 역할을 했고 또 지금은 어떤 일을 하고 있는가? 지속적으로 변화하는 가운데서도 두 가지 핵심 주제, 즉 미전도 종족에 대한 열정과 인도네시아 교회와 협력하여 일하겠다는 원칙은 계속해서 동일하게 유지되었다.

마이클 던은 "인도네시아에서 우리는 항상 복음을 들어보지 못한 사람들에게 복음 전하는 것을 목표로 했고, 그 사역을 감당하는 방법에 있어서는 지역마다 다양했고 시대마다 달랐습니다!" 라고 말했다.

리쉬 이브스 Lish Eaves 는 "인도네시아 OMF 필드의 비전과 특징은 조지 스티드 George Steed 의 선언에 그 기초를 두고 있습니다. 즉, 우리는 인도네시아에 현존하는 주요 지역 교회들을 섬기는 종으로서

조지 스티드의 탐사 여행 (1951년)

그들이 새롭게 되고 전도하는 일에 협력한다는 것입니다."라고 말했다.

부분적으로는 환경 때문에 정책이 정해지기도 했다. 중국내지선교회는 '내키지 않던 중국 탈출'[1] 후 1951년에 레슬리 라이얼 Leslie Lyall 과 조지 스티드를 인도네시아에 보내어 답사하게 했다. 이 광대한 나라는 1945년에 네덜란드로부터 독립선언을 하고 빤짜실라 Pancasila 라는 다섯 가지 원칙에 기초한 헌법을 만들었는데 그 중에서도 중심되는 것은 한 하나님에 대한 믿음이었다. 이슬람교를 믿는 이슬람 주(州)의 압력에도 불구하고 그 원리는 세계의 주요 종교를 신봉하는 사람들에게 종교적 자유를 주는 것으로 해석되었다. 그 당시에 인도네시아에는 약 8천만 인구가 있었고 그 가운데 기독교인은 신구교도를 합하여 3백만 정도로 추정됐다. 그것은 분명 기회였고 선교사가 필요하다는 이야기였다. 그러나 새 공화국은 매우 엄격하게 이민법을 적용했다. '전문가'에게만 비자를 주었고 그것도 인도네시아 교회들이 초청하고 후원할 경우에만 허락했다.

조지 스티드는 총감독으로서 (나중에 지역 대표가 되었음) 후원을 확보하기 위해 정책적으로 교회와 기관을 연결시키기 시작했다. OMF는 가능하면 인도네시아 교회 협의회 나중에 DGI/PGI [2] 의 주요 교회들과 인도네시아 복음주의 모임 PII [3] 에 속한 교회들과 함께 일하려고 했다. OMF의 목적은 자기 조직이 커지는 것이 아니라 교회의 봉사자로서 인도네시아 기독교인들을 선교에 동원하는 기폭제요 격려자, 교사, 그리고 자원 공급자의 역할을 하는데 있었다. "우리는 '우리 OMF 사역'이라고 부를 수 있는 그런 사역을 하지 않습니다. OMF 사역자들은 기존 교회에 깊이 개입합니다. 그들은 인도네시아인들과 함께 일할 뿐 아니라 인도네시아인들의 지도력 아래에서 일하고 있습니다."[4] 라고 조지 스티드는 설명했다.

"인도네시아 OMF의 목적은 하나님의 도우심으로
동일한 믿음을 가진 교회들과 협력하여 인도네시아 백성들에게
그리스도 안에 있는 하나님의 사랑인 구원의 지식을 알게 하여
그분의 교회를 세우는 일을 돕는데 있다."

·1965년 인도네시아 OMF의 사명 선언문·

사역한 지역들

1952년에 중국내지선교회 (OMF 전신)는 인도네시아에는 전혀 알려지지 않은 단체였다. 그 연결의 시작은 프랭크 Frank 와 유니스

해리스 Eunice Harris 가 개인적인 후원을 받아 서 칼리만탄의 싱카왕에 소재한 작은 중국인 교회에서 목회함으로써 이루어졌다.

그 뒤를 이어서 조지와 루스 스티드 George and Ruth Steed 가 뽄띠아낙에 초청을 받았다. OMF의 또 다른 선교사들도 서 칼리만탄에 거주하는 중국인 속에 들어가 살게 되어 복음 전도와 교회 개척 사역이 활발하게 일어나기 시작했다. 마지막 사역자인 조세핀 룬 Josephine Lunn 이 1988년에 수마트라로 사역지를 옮겨갈 때까지 OMF는 그 지역에서 계속 30년 간 사역했다.

자바에서는 동남아시아 바이블 칼리지를 새롭게 시작해서 성경을 가르치는 사역자들을 몇 사람 후원했다. 이어서 교회 사역과

프랭크와 유니스 해리스는 서 칼리만탄의 싱카왕에서 사역을 시작했다.
한때 그곳은 '작은 중국'이라고 불렸고 1952년에 두 군데 개척 교회가 있었다

학교 교육에 대한 후원이 시작되었다. 문서사역은 기독교 출판그룹 BPK [5] 과 협조하면서 시작되었다. 처음에 **CIM/ OMF**는 중국인에게 관심이 있었다. 그러나 **1957**에 데이비드 David 와 제시 벤틀리 테일러 Jessie Bentley-Taylor 는 이미 동 자바 크리스천 교회 GKJW 의 활동에 참여하면서 자바인들에게 복음을 전하고 있었다. 같은 해에 캐서린 프레이저 Catherine Fraser 와 리타 흄즈 Leatha Humes 는 살라띠가에서 후에 사따 와짜나 크리스천 대학 Satya Wacana Christian University 이 된 학교의 교수진에 합류하고 있었다. **1958년**에는 루퍼트 클라크 부부 Dr. and Mrs. Rupert Clarke 가 동부 자바의 뚜렌에 있는 구세군 병원에서 일하게 된 것을 계기로 첫 번째 의료 후원이 시작되었다. 인구가 가장 많은 자바 섬에 **OMF**는 언제나 사역자들을 충분히 배치하였다.

1959년부터 **OMF** 선교사들은 수마트라의 미낭까바우 끝에서 사역하였다. **1960년**에 와일리 일가 Wylies 는 수마트라 북부로 옮겨가서 자바인 이주자들과 함께 살았다. 그리고 1년 후에 마틴 골드스미스 Martin Goldsmith 는 까로 바딱 개신교회 GBKP 와 함께 사역을 시작했다. 로즈마리 앨디스 Rosemary Aldis 는 **1973년** 메단에 있는 북부 수마트라 대학에서 가르쳤다. **OMF** 선교사로서는 처음으로 국립대학에서 가르친 것이었다. 수년간 **OMF**는 수마트라에서 대형 바딱 교회들, 인도네시아 서부의 다민족 개신교회 GPIB, 대부분의 중국인 감리교회들, 그리고 북부 수마트라 GKI-Sumut 의 다민족 크리스천 교회들과 함께 사역했다. 이러한 교회들의 격려를 받아가면서 OMF 선교사들은 주변에 있는 다른 종족 그룹의 사람들에게로 접근해 나갔다.

OMF 선교사로서 술라웨시에 처음 들어간 프랭크와 캐시 스노우 Cathy Snow 는 1966년 란떼빠오에서 가르쳤고, 나중에는 또라자와 중부 술라웨시로 그 후원을 확장해 나갔다. 80년대에 OMF는 미나하사 족이 사는 최북단 또모혼과 부기스와 마까싸르 인이 대다수인 우중 빤당 (현 마까싸르)에서 사역을 시작했다.

이제 OMF는 동쪽 지역을 조사했다. 그리하여 멀리 있는 여러 섬들을 답사하는 여행을 하기도 했다. 1991년에 세인트 존 St. John 과 엘레노아 페리 Elenor Perry 는 OMF의 새로운 센터인 암본으로 옮겨 갔다.

1960년 남 술라웨시 란테빠오의 중심 도로에서 순교한 목사를 추모하며 벌이던 행렬.
다룰 무슬림('이슬람의 세계'라는 뜻의 말로, 인도네시아의 '이슬람교 국가건설운동'을 일컫는다. 역주)들은 종교의 자유에 반대하여 정부 상대로 전쟁을 벌였다. 1950년대 후반 그러한 싸움 때문에 많은 신자들과 교회 지도자들이 목숨을 잃었다.

2000년, 마리안 화이트헤드 Marian Whitehead 는 종족과 종교 간의 갈등 때문에 어쩔 수 없이 암본에서 철수하여 귀국했다. 1997년에 OMF 는 다시 칼리만탄으로 돌아갔는데, 이번에는 섬의 남쪽 지역이었다. 비디 테일러 Biddy Taylor 가 칼리만탄 남부 빨랑카 라야에서 가르치는 사역을 시작했기 때문이었다.

사역의 방식들

지난 50년은 인도네시아나 인도네시아의 교회 역사에 있어서 쉽지 않은 기간이었다. 그래서 사역의 방식도 시대의 변화에 따라 달라졌다.

1945년 인도네시아의 독립 선언 후, 수년간 전쟁이 있었다. 처음에는 네덜란드와 전쟁했고 그 후에는 자바 서부와 외딴 섬들에서 정치적 반대 세력이나 부족들 간에 전쟁이 있었다. 수까르노 대통령은 1959년 그가 설립한 교도(教導) 민주주의 체제 안에서 여러 분파가 서로 균형을 유지하도록 애를 썼다. 그러나 60년대 초, 국가적 불안정과 경제석 혼돈을 겪어야 했고, 그 와중에서 공산당은 자기들의 힘과 영향력을 확장해갔다. 1965년 9월 30일은 위기가 절정에 달한 시점이었다. 그 때에 충성스러운 장군 6명이 쿠데타를 일으켰다가 현 체제를 지지하는 군대 지휘관의 재빠른 대응으로 살해되어 실패로 끝났다. (정확하게 누가 '영웅'이었는지는 국민들이 토론할 문제이다.) 대부분 사람들은 공산주의가 패배한 것이 하나님께서 개입하신 사건이라고 인정했다. 전국에서 공산주의자와 중국인으로 추정되는 약 5천만 명 정도의 사람들이 군부대와 자경단(自警團) 그룹에 살해되었기 때문에 복수 사건이 뒤따랐다. 그 뒤 수하르또 Soeharto 가 대통령이 되었고, 그는 1945년에 헌법인 빤짜실라 Pancasila 와 경제 개발을 기본 골자로 한 새 법령을 제시했다.

50년대와 60년대 초에는 서 칼리만탄과 북부 수마트라를 포함한 인도네시아의 여러 지역에서 이미 급속한 교회 성장과 부흥이 있었다. 1965년 이후, 이러한 움직임은 홍수처럼 불어나서 수백, 수천의 사람들이 공산주의의 치욕으로부터 스스로를 분리시킬 수 있었다. 교회마다 가르침과 훈련이 매우 필요해졌다. 정말로 놀라운 개방과 기회의 시기였다.

조지 스티드는 과거 인도네시아의 모토가 '다양성 안에서의 일치'이었다고 하면서, 1973년에 '오늘날 인도네시아에서의 선교 사역의 기본 방침도 다양성 안에서의 일치'라고 기록했다. OMF 선교사들은 교회 내의 양육, 다양한 평신도 훈련, 일반 대학과 교사훈련 대학에서 가르치는 일, 문서와 미디어 사역, 그리고 병원 사역에 종사했는데 이 모든 선교 사역이 교회를 건강하게 하는 목적으로 이루어졌고 전부 인도네시아 교회의 후원으로 진행되고 있었다.

그러나 십여 년이 지나서는 더 이상 그렇게 할 수 없었다. 1978년 이후에는 '교회사역'에 비자를 새로 내주지 않았기 때문이었다. 그래도 교회가 신학교와 다른 기관의 사역자 후원은 계속할 수 있었다. 의료 후원 역시 학문적인 가르침이 있는 장소에서만 가능하게 되었다. 모든 것을 인도네시아화 하자는 것이 핵심적인 취지였다.

1978~79년 정부는 모든 종교에 선교적 의무가 필수적인 것은 인정하면서도 (그 일에는 교회 협의회의 압력이 있었음.) 5개의 주요 종교 신자들에게는 복음을 전하지 못하도록 제한하는 법령을 발표했다. 그 목적은 서로 다른 부족들과 종교 단체들 가운데 균형을 유지하기 위함이었다. 정부 관료들, 학생들, 그리고 일반인들은 빤짜실라를 가르치는 'P4' 과정에 참여해야 했다. 1984~1985에는 교회와 같은 공식적 기관들이 빤짜실라를 국민생활의 유일한 철학적 기초로 삼을 것을 의무적으로 요구하는 법이 제정되었다.

80년대에는 까로 바딱 Karo Batak 과 같이 정령숭배를 하는 사람들에게 전도하여 성장하는 일이 있었고, 학생들 세계에서도 놀라운 발전이 있었다. 그러나 다른 영역에서는 매우 조심스럽게 접근하고 있었다. 60년대에는 신속한 복음전파가 필요했고, 70년대에는 가르침에 대한 압도적인 요구가 있었다면, 80년대에는 교회를 갱신하고 신앙공동체 안에 있는 사람들에게 다가가는 사역으로 그 초점이 바뀌었다.

1987~1988년은 인도네시아에서 10년 이상 섬긴 멤버들에게 비자 갱신이 마지막으로 허락된 해였다. 이 때문에 수마트라 OMF 팀이 약화되었는데, 대신에 가르치는 사역과 캠퍼스 사역으로의 전환이 가속화되었다. 많은 멤버들이 고국으로 돌아가서는 인도네시아에 다시 와서 사역을 하기 위해서 더 높은 학위를 받거나 영어 교수법 훈련을 받았다. 90년대에 이르러서 OMF 사역자들은 대부분 가르치는 사역에 종사했고 많은 사람들이 정부나 비기독교 단체로부터 후원을 받았다. 인도네시아 동부는 예외였다. 그곳에서는 90년대 정부 방침으로 의료와 전인 사역에 문을 열었다.

현지 교회에 속하여 사역을 함께 하면서 특별히 가까이 지내던 시대는 이제 가버렸지만 새로운 활력이 있었다. 세 분야로 나누어 사역하였는데 그것은 신학 사역, 본부를 중심으로 한 전문인 사역, 그리고 다방면으로 협력하여 교류하는 사역이었다. 각 분야마다 그 잠재적 자원을 가지고 전도하며 성도들을 선교에 동원하였다. 이때 인도네시아 OMF는 외국인들의 선교지이기도 했지만 인도네시아 성도들을 다른 인종, 다른 문화권으로 파송하는 기관이기도 했다. 사역의 초점은 동원에 있었다. 그것은 교회의 지도자와 사역자들을 준비시키고 Preparing, 선교적 마음을 가진 성숙한 대학 졸업자들을 배출하며 Producing, 복음을 듣지 못한 사람들에게 복음을 전할 수 있는 사람과 자원을 공급 Providing 하는 일이었다. [6]

인도네시아는 경제적으로 부강해져서 '아시아의 호랑이'로 부상하게 되었다. 그러나 내면적으로는 정부 제도에 불만이 쌓이고 종교와 종족 간에 긴장이 고조되어 갔다. 1997년 있었던 재정 파탄으로 나라가 정치적인 소용돌이에 빠졌다. 국가 전역에 걸친 항거와 폭동 때문에 수하르또 대통령은 1998년 5월에 권좌에서 물러났다. 분리주의 운동이 여러 지역에서 일어나기 시작했다. 수백 개의 교회가 불에 탔다.[7] 1999년 1월에 말루꾸에서 종교 전쟁이 일어나 수천 명이 죽었고 수십만 명의 난민이 생겼다. 임시 대통령인 B. J. 하비비 B.J. Habibie 가 압둘라흐만 와히드 Avdurrahman Wahid 의 뒤를 승계했다. 압둘라흐만 와히드는 2001년에 메가와띠 수까르노뿌뜨리 Megawati Sukarnoputri 에 의해 복위되었다.

격동의 시기에 사역의 초점은 더욱 예리해졌다. OMF가 도시 빈민 사역을 시작했지만 제대로 이어가지 못하는 상황이었는데, 인도네시아의 재정 파탄 때문에 긴급구호 사역 Crisis Relief Ministry 이 출범하게 되었다. 종교적 긴장이 있었지만 오히려 성도들은 미전도 종족들에게 복음을 전하고자 하는 열심을 더 갖게 되었다. 그러한 과업에 긴박성을 느껴서 OMF는 2002년에 다음과 같은 5가지 사역에 집중한다는 전략을 세웠다: 부족 사역, 캠퍼스 사역, 신학 교육, 전문인 사역, 문서와 미디어 사역이 그것이었다.

각 사역은 그 강조점, 기회, 그리고 사역 방법이 달랐다. 그러나

OMF 인도네시아의 50주년인 2002년에 만들어진 비전 선언문은 본질적으로 그 목표가 동일함을 보여 주고 있다.

> "우리의 목표는 성도들이 하나님의 말씀에 뿌리를 내리고,
> 그리스도께 헌신하며, 그를 증거하고, 하나님의 영광을 위해
> 다른 사람을 섬기는, 생기 넘치고 재생산적인 교회가
> 인도네시아인들 가운데 세워지는 것이다."
>
> -2002년 인도네시아 OMF 비전 선언문-

사역자들

50년간 우리는 무엇을 이루었는가? 주님께서는 인도네시아 OMF 안에서, 그리고 OMF를 통하여 무슨 일을 하셨는가?

OMF는 큰 단체라고 할 수 없다. 그러나 나는 90년대에 존과 함께 인도네시아의 여러 지역에서 OMF 멤버들과 교회 지도자들, 대학의 지도자들, 그리고 다른 여러 사람들을 만나보는 특권을 누릴 수 있었다. 주께서는 어떻게 그렇게 많은 지역에서 그렇게 대단한 일들을 행하셨는지, 나는 그것을 보면서 깊이 감동했다. 우리는 단지 OMF에 속해 있다는 이유만으로 따뜻하게 환영을 받았다. 그리고 얼마나 많은 인도네시아의 핵심적인 기독교 지도자들이 OMF 사역자들을 멘토로 삼았는지를 알게 되어 겸손한 마음이 되지 않

을 수 없었다.

인도네시아 OMF 사역의 중심은 사람이다; 오랜 세월 동안 관계를 맺으며 기쁨과 슬픔을 함께 나누고 서로 조언하고 조언을 받으며 은혜 안에서 자라 간다. 그리고 다른 사람이 성장하고 또 그들이 하나님의 사랑으로 다른 사람에게로 뻗어가도록 돕는 일에 작은 부분을 감당한다.

이렇게 짧은 지면에 50년간의 모든 이야기들을 기록하는 것은 불가능하다. 다음에 전개될 이야기는 OMF가 우리의 인도네시아 형제자매들과 함께 하나님의 영광을 위해 섬기는 기쁨을 나누었던 여러 사역 중에서 몇 가지를 소개한 것이다.

각주

p.12 1. 「내키지 않던 중국 탈출」(필리스 탐슨, 로뎀북스)

p.12 2. 1950년에 설립 된 Dewan Gereja-Gereja di Indonesia (PGDI)는 1984년에 Persekutuan Gereja-Gereja (PGI)가 되었다.

p.13 3. Perekutuan Injili Indonesia 1971년 설립

p.13 4. East Asia Millions, 미국판, 1966년 2월

p.15 5. Badan Penerbit Kristen

p.20 6. 1995년의 OMF Indonesia 사명 선언문

p.21 7. 손상되거나 불에 탄 교회의 수; 261 (1945~94), 355 (1995~99), 수라바야의 Indonesia Christian Communication Forum 수치

THE AMIABLE LION

온후한 사자[1]

조지 스티드[2] George Steed : 감독/필드 대표 (1953~1975)

조지 스티드

캐나다인 조지 스티드가 중국에서 나와 인도네시아로 왔다. 그는 중국인들의 심장이라고 할 수 있는 만다린어를 유창하게 구사했고 중국 음식을 매우 좋아했다. 그렇기 때문에 조지와 루스 스티드 부부가 칼리만탄 지역에 갔을 때, 그곳에 많이 살고 있던 중국인들의 환영을 받게 된 것은 어쩌면 매우 당연한 일이었다.

그렇지만 그는 곧 인도네시아의 더 넓고 다양한 상황을 좋아하게 되었다. 1951년에 자바, 수마트라, 술라웨시, 칼리만탄, 그리고 다른 섬들을 탐사하는 여행을 하면서 조지는 인도네시아의 역사와 종교적 다양성에 매혹되었다. 그는 관계를 발전시켜 나가는 일에 매우 능숙했기 때문에 시간이 지나자 중국인들의 마음뿐 아니라 암본 사람들, 마나도 사람들, 바딱 사람들, 그리고 자바 교회 지도자들의 마음까지 얻게 되었다. 그는 다른 선교 단체들과 협력하

"

여 사역했으며 군대의 기독교인 장군들이나 정부 관리들과도 친구가 되었다. 그리하여 마침내 OMF 사역의 영역은 그의 지도 아래에서 전국의 다양한 인종들로 구성된 교회와 기독교 기관들을 모두 포함하기에 이르렀다.

그는 우선적으로 인도네시아에 있는 그리스도의 교회들을 효과적으로 섬길 수 있는 팀을 구성하려고 했다. 그 일을 하기 위해서 답답한 자카르타의 거리를 수없이 운전하며 다녔다. 비자를 확보하고 지루할 정도로 반복되는 재정과 여행에 관계된 일을 해내야 했기 때문이었다. 그는 자카르타 시내의 어떤 차든지 그 소유주를 번호판으로 구분해낼 수 있을 정도였다고 한다.

조지는 에큐메니칼 교회와 복음주의 교회 간의 양극화가 심화되어 가는 것을 염려하고 있었다. 그는 지적하기를 당시 주요 교회들은 신학적으로 개혁 정통 노선이었지만, 무슬림 국가에서의 기독교 공동체는 힘써 연합해야 한다고 했다. OMF는 그 이후로 계속해서 이 성경적 신앙과 선교적 활동이라는 두 가지 소명을 정책으로 삼고 그 일에 헌신하였다.

조지 스티드는 자유방임을 허락하는 지도자였다. 리쉬 이브스 Lish Eves 는 "만약 당신에게 은사가 있고 하나님 나라에 유익한 일을 하고 싶어 하면, 그 일이 엉뚱하게 보일 때에라도 그는 당신이 그 일을 맡아 하도록 해줄 겁니다."라고 했다. 그리하여 1965년 9월 공산주의가 쿠데타를 시도했던 혼란스러운 와중에 도로시 막스 Dorothy Marx 는 동 자바에 설교를 하러 갔다. 사역에 대해서 모험적인 기업가 정신으로 접근하는 것이 인도네시아 선교지의 특징이었다.

조지 스티드의 대리로 잠시 필드 대표를 맡았던 돈 헐리스톤 Don Houliston 은 다음과 같이 요약하고 있다: "조지의 삶은 매우 열정적이었으며 그는 주님과 인도네시아 사역에 온전히 헌신한 사람이었다. 그는 자신이 있어야 할 바로 그 장소와 바로 그 시점에 존재하고 있었다."

p.25 **1.** 실비아 헐리스턴이 조지 스티드에게 붙였던 별명
p.25 **2.** 이 책을 준비할 때 조지 스티드는 90세여서 이 글을 쓸 수 있는 건강이 아니었다. 그는 인도네시아 OMF의 첫 지도자로서 가장 오랫동안 섬겼던 선교사이다.

REACHING THE UNREACHED

2

미전도 지역에 복음 전하기

CIM-OMF의 우선적인 부르심은 서 칼리만탄의 "화교"를 대상으로 한 것이었다. 수년 전부터 선교가 다소간 시작되고는 있었지만 남아있는 회중은 그 숫자가 매우 적었다. 프랭크와 유니스 해리스는 1952년에 싱카왕에 정착했다. 공산주의자들의 영향으로 도시 안에 두 개의 파벌이 있었으며 중국 어느 곳에서도 만난 적이 없는

OMF 인도네시아의 첫 선교사였던 프랭크와 유니스 해리스 가족 (1952년 8월)

전통적 정령숭배가 강력하게 영향을 미치고 있었다. 초기에 그 도시를 방문하면서 여러 가지로 시도했지만 결과는 매우 실망스러웠다. 사람들은 나누어준 소책자를 거부하거나 찢어버렸다. 그러나 해리스는 서서히 청년 그룹을 성장시켜 나갔는데 그들 중에는 프랭크가 주변 지역민들에게로 전도여행을 갈 때 함께한 청년도 있었다. 한번은 그렇게 전도하기 위해 밥과 마사 피터슨 Bob and Martha Peterson 이 강 상류 지역인 삼바스까지 올라갔는데, 이내 20명의 새 신자가 생겼다. 그래서 교회가 세워졌다. 1959년에 피터슨 부부는 숭아이 두리 Sungai Duri 로 옮겨 갔다. 그곳에서는 첫 해에 40명의 새 신자가 그리스도를 주로 고백했다.

'붉은 자두'의 부모는 딸이 귀신이 들리자 치료하기 위해서 여

세례를 위한 예배를 인도하고 있는 밥 피터슨. 피터슨 가족은 서 칼리만탄 삼바스에서 교회를 개척했다.

러 사원들을 찾아 다녔다. 그러다가 있는 돈을 다 써 버렸다. 그래도 그들은 주저하며 주문과 점성술 도구들을 버리지 않았다. 밥과 마사가 그 집을 찾아갔지만 아무 것도 할 수 없었다.

붉은 자두가 우리가 있던 근처에 있는 한 집으로 따라와서 경쟁적으로 사람들의 관심을 끌려고 했다. 그녀의 소음과 웃음소리는 우리가 더 이상 참아낼 수 없을 정도였다. 그녀의 입에서 흘러나오는 단어들은 빌립보에서 만났던 '어떤 처녀'가 말하던 단어들과 이상하게도 비슷했다. "나는 성도들에게 그리스도의 이름이 영광을 받으시도록 기도해 달라고 부탁했다. 그러면서 밖에서 조롱하고 있는 사람들에게 그들이 곧 하나님의 영광을 보게 될 것이며 붉은 자두는 구원받게 될 것이라고 말했다.

내가 '하나님의 영광'이라는 단어를 말할 때 주님의 기쁨이 나의 영혼을 가득 채웠다. 나는 뒤로 돌아 서서 마귀에게 그리스도의 이름으로 그녀에게서 나오고 그녀를 해하지 말라고 명령했다. 모든 사람이 보는 앞에서 놀라운 변화가 일어났다. 붉은 자두의 얼굴에 고요함과 평화가 임했다. 그녀는 의자에 깊숙이 앉더니 구원 받은 것에 기뻐서 울음을 터뜨렸다. 그곳에서 나는 경외의 분위기 가운데 조용해진 군중들에게 그리스도를 증거했다."[1]

붉은 자두는 신자가 되지는 않았다. 그러나 그와 같은 능력대결에서 **OMF** 사역자들이 그리스도의 이름으로 어둠의 세력에 공개적으로 도전했기 때문에 모두가 승리를 목도할 수 있었다. 젊은 사람들은 전도 그룹에 참여했으며 주일학교나 교회에서 지도적 역할을 감당했다. 단기 성경 학교들이 열렸는데 몇 사람은 자바에 있는 성경 대학에 가서 계속 공부했다. 1967년까지 서 칼리만탄에는 새로운 교회가 20여 군데 개척되었다.

· · · · ·

데이비드 벤틀리 테일러 David Bentley-Taylor 는 동 자바 말랑에서 중국어를 사용하는 동남아시아 성경 대학의 강사였다. 그런데 그 부부는 자바인들에게도 복음을 전하고 싶었다. 알렉스 쁘라노또 Alex Pranoto 는 동 자바 교회의 안수 받은 사역자였다. 데이비드가 그를 만났을 때 알렉스는 말랑 바로 남쪽에 있는 뚜렌에 본거지를 두고 이미 폭 넓게 복음을 전하고 있었다.

1957년에 벤틀리 테일러 부부는 뚜렌에 집을 지어 이사했다. 만다린어가 유창했던 그들은 이제 인도네시아어와 자바어 정복에 힘을 쏟았다. 테일러의 집은 토요 성경 공부 반, 여성 모임, 그리고 세 번 있었던 아이들 모임으로 오는 사람들 외에도 방문객으로 넘쳐났다. 저녁에 산보를 하거나 심방을 하여 전도지를 나누어 주면 자바인들은 그것을 열심히 받아들였다.

알렉스와 데이비드 가족은 매우 친해져서 온 데를 함께 다녔다. 버스를 타기도 하고 걸어가기도 했으며, 멀리 떨어진 마을에 갈 때는 벤틀리 테일러의 덜컹거리는 차를 타고 갔는데 그곳에서는 늦은 밤이나 다음날 아침까지 설교와 가르침이 계속되기도 했다. 데이비드는 알렉스의 분명한 가르침과 부드러운 목양적 돌봄에 깊은 감명을 받았다. 그는 크리스천 증거 출판사 Christian Witness Press; 홍콩 OMF 에서 만든 포스터를 자주 사용했으며 성경과 신앙서적들도 판매했다. 수디그도 Sudigdo 는 지역 교육국의 장학관이자 열정적인 복음전도자여서 자주 그들과 동행했고, 팔이 하나 밖에 없는 공장 종업원 와리스 Waris 도 자주 왔다. 두 사람 모두 알렉스를 통해 회심했다. 마을마다 새 신자들이 간증을 하고 함께 기도했다. 그러는 동안 뚜렌에서는 알렉스의 아내가 제시와 함께 여자들의 주간 모임을 인도했다.

이 몇 년 동안에 수천 명의 자바인들이 그리스도게 돌아왔다. 뚜렌 주위에서 일곱 마을을 새로 개척했는데 그 회중이 모두 약 500명이었다. 그들은 1959년에 목시 한 분을 인명하여 공식적으로 하나의 교회를 이루었다. 그리하여 알렉스는 어디든 자유롭게 다니면서 복음을 전할 수 있게 되었다. 애석하게도 벤틀리 테일러 가족은 제시가 병에 걸려서 1962년에 인도네시아를 떠날 수밖에 없었

레인하드 버츨라프가 북부 수마트라의 시안타르에서 야외에 이웃을 초청하여 크리스마스 메시지를 전하고 있다.

다. 뚜렌의 구세군 병원에 OMF 사역자 몇 명이 일하고 있었기 때문에 알렉스 쁘라노또는 OMF와의 우정을 지속할 수 있었다.

. . . . .

마틴과 엘리자베스 골드스미스 Martin and Elizabeth Goldsmith 는 북부 수마트라 까로 바딱의 시골 사람들을 전도하기 위해서는 가족 간의 네트워킹이 핵심 요소라는 사실을 발견했다. 한 교회의 장로가 링가라는 자기 고향 마을로 전도팀을 데리고 갔는데, 다른 장로의 친척집에서 모임이 있었다. 마틴은 까반자헤에 있는 모교회의 장로와 집사들에게 복음전도와 기독교의 기본교리에 대해 가르쳤다. "그러나 얼마 안 되어 그 강의 반은 해체되었다. 실제 사역이 바빠서 그것에 대한 이야기를 들을 시간이 없었던 것이다. 그것은 행복한 일이었다."[2] 까반자헤에 있는 가정 성경공부 반들은 각 그룹마다 한 마을씩 책임을 지고 복음을 전하고 있었다. 다섯 교회가 새롭게 개척되었으며, 골드스미스가 떠난 이후 60년 대 후반에 들뜬 분위기 속에서 우후죽순처럼 성장해

갔다. 까로 바딱 교회 GBKP 는 1963년에 23,000명이었던 것이 1965년
에는 35,000명으로 증가했으며 1971년에는 94,000명에 이르렀다.
3

　　1979년의 정부는 정책적으로 정령숭배를 하는 사람들에게 공
인된 종교를 가지게 하려고 했다. 정부가 발행하는 신분증을 얻기
위해서는 모든 인도네시아인들이 5가지 공식적인 종교 가운데 하
나를 믿는다고 고백해야만 했다. 까로 교회의 지도자들은 6개월
동안 마을에서 사람들과 함께 일하고 함께 살면서 복음을 전하고
교회를 개척할 자원자를 구했다. 첫 해에는 회중 모임이 새로 43개
가 결성되었다. OMF와 CMS에서 한 가족씩 와서 이 사역을 인도하
고 까반자헤에 있는 새 전도 학교에서 가르치기 위해 메단에서 까
로 하이랜드로 옮겨 갔다. 그러자 까로 사람들의 놀라운 회심이 뒤
따랐다. 메단에 사는 학생들과 졸업생들은 까로 마을에서 열리는
주말 선교행사에 참여했다. GBKP 교회들과 감리교, 그리고 GKI 수
무뜨 교회에 속한 팀들이 매주 가르침을 요청하는 마을에 파송 되
었다. 수천 명이 세례를 받았는데 한 번에 100명 또는 그 이상이 되
는 대규모 세례식이 자주 행해졌다.

　　우리는 집에서 약 한 시간 반 정도 비포장 도로를 걸어서 씨베르뗑

으로 갔다… 우리는 황갈색의 달콤한 차를 홀짝이면서 한 집에서 책상다리를 하고 앉아서 어떻게 그리스도인이 될 수 있는지에대해 공부하고 있었다. 그 동안, 부모를 따라 올 수밖에 없는 아이들이 눈을 빛내며 문 입구에서서로 조잘대며 우리를 바라보고 있었다.

우리가 마귀를 대적해야 하는 문제에 대해 말하자 오랜 세월 동안 구장 열매를 씹어서 치아 뿌리까지 까맣게 된 한 할머니가 마귀의 존재에 대해 질문했다. 장로는 창세기부터 계시록까지 요약하여 설명해 주면서 예수의 이름으로 기도할 것을 권면했다. "누구요?" 하고 그녀가 질문하자 그는 "예수님이요"라고 대답했다. 처음으로 그녀는 망설이듯이 예수님의 이름을 반복해서 되뇌이면서 고개를 끄덕이더니 미소를 지었다."[4]

• • • • •

1952년 싱가포르 거리에서 화려한 결혼 예식이 치러지고 있었다. 본 콜린스 Vaughn Collins 는 그들이 누구인지 물었다. 인도네시아에서 온 사람들이라고 했다. 동남아시아와 남아메리카를 여행하면서 본은 그들을 잊을 수가 없었다. 그래서 조지 스티드에게 편지를 써서 이 사람들에게 복음을 전하러 가고 싶은데 가능하냐고 질문했다. '가능하지 않다!'는 대답을 들었다. 그러나 5년 후인 1970년에 본과 로젤라는 조지로부터 편지를 한 통 받았다. "수마트라 GKPI의 또빙 Tobing 주교가 이곳에서 새 신자가 생겨서 방금 세례를 주었다는 말을 나에게 해주었습니다. 이 교회는 OMF 사역자 한 사람을 후원할 준비가 되어 있다고 합니다. 아직도 이 사람들에게 관심을 갖고 계십니까?"라는 내용이었다.

본과 로젤라는 1971년에 쁘마땅 시안따르에 도착했다가 나중에 메단으로 옮겨갔다. GKPI와 함께 사역하면서 본은 현지 언어로 성경을 번역하는 일에 자문 역할을 했다. 마침내 교회 사역을 통해 나오는 비자가 만료되자 그는 메단에 있는 북부 수마트라 대학에

보건과 로젤라 콜린스

서 가르치기 시작했다. 그는 자기가 그렇게 친밀하게 느꼈던 사람들이 사는 곳에서 함께 살 수 있는 방법을 찾아내지는 못했다. 그러나 계속 그들에 대한 열정을 간직하고 있어서 그 비전으로 다른 사람들에게 영감을 주었다. 80년대에 그는 인도네시아 인종 그룹을 조사하는 일에 가담했다. OMF는 전국 리서치 네트워크 협회 National Research Network Fellowship: PJRN 의 창립 멤버가 되었는데 OMF 대표로 본과 데이비드 스트라이 David Streich 가 함께 일했다.

아마 콜린스 부부의 가장 중요한 사역은 지속적이고 집중된 기도를 하도록 동원한 일이었을 것이다. 먼저는 자신들의 기도 후원자들로 시작해서 나중에는 전 세계로부터 동역자들을 동원했다. 인도네시아 정부가 수마트라의 고립된 지역에 교사를 배치할 때 그곳으로 배치할 학생들을 그들이 훈련시켰으며 고립 지역으로 가는 교사들을 격려하기 위해 수련회를 열기도 했다. 그 지역에 초점을 맞춘 기도와 사역을 위해서 메단 기도팀을 만들었다. 그 그룹에는 오늘날 약 50명이 넘는 신자들이 있다. 로젤라 콜린스는 "이 사역은 결코 간단하게 끝나는 사역이 아니었으며 또 지속적으로 우리를 괴롭히는 장애물들이 없었던 적이 한 번도 없었다. 오직 기도만이 그러한 견고한 성을 움직이고 무너뜨릴 수 있다"라고 말한다.

수많은 종족을 위해서 오랫동안 조용하게 기도하고 사역을 해

온 사람들이 있었다. 사역지는 그 부족 마을이기도 하고 아니면 대학이나 도시에 사람들이 모이는 지점이기도 했다. 그와 같이 기도에 초점을 두고 사역하던 OMF 팀은 2003년에 종족 사역 People Group Ministries 라고 불리는 새로운 사역을 하게 되었다. 본의 꿈이 드디어 이루어진 것이다!

각주

p.31 **1.** 피터슨, R., 'Roaring Lion', 1968, p.57~58
p.34 **2.** 골드스미스, M., 'Life's Tapestry, 1997, p.104
p.35 **3.** Benih Yang Tumbu, 자카르타, 1976, p67
p.36 **4.** East Asia's Millions 1982년 3, 4월호, 호주판

WILLING SERVANTS OF THE CHURCH

교회를 위하여 기꺼이 섬기는 종들

데이비드 엘리스 David Ellis : 1975~1982 인도네시아 필드 대표

살라띠가에서 첫 임기의 대부분을 밤새 앉아 그림자극을 본다거나 자바인 복음전도자의 가방을 날라주고 운전해 주는 일로 보내면서, 나는 현지 교회의 동원이 그렇게 말과 같이 쉬운 일이 아님을 배웠다. 우리가 현지 교회를 동원하여 하나님께서 영광을 받으시는 것을 보기 원한다면 문화적으로 그들과의 동일시되는 것을 추구하면서 현지 지역 교회에서 기꺼이 종으로 살고 일하는 것이

데이비드 엘리스

필수적이다. 우리가 그러한 역할을 중요하게 생각하며 인도네시아 교회를 후원했을 때, 우리는 하나님의 은혜로 60년대와 70년대에 이전에는 결코 볼 수 없었던 축복과 성장이 교회 안에 임하는 것을 볼 수 있었다.

교회가 너무도 급속하게 성장했기 때문에 그에 대한 반발이 있을 수 있었다. 그러한 반발로 70년대 후반기에 전도 활동을 제한하는 법이 제정되었고, 그래서 교회 지원도 어려워졌다. 이어지는 이야기는 현재도 우리가 그 안에서 살아가고 있는 역사이다. 80년대에는 복음에 대해 흥미가 없는 사람들로부터 받는 압박이 너무 심했기 때문에 사역의 양상이 바뀔 정도였다.

70년대는 교회 성장의 황금기였다. 우리 본부는 잘란 까르띠니에서 벼농사 지역이었던 도시 외곽의 쯤빠까 · 뿌띠로 옮겼다. 우리의 문서 사역은 하솔로안의 유능한 지도력 아래서 비나 까시 출판사 Bina Kasih Press 라는 이름으로 현지인 운영 체제로 바뀌었고, 새 건물과 토지도 구입했다.

당시는 평신도 훈련 프로그램과 목회자를 위한 컨퍼런스가 중점적으로 열리던 시기였다. 강해설교 세미나를 하자, 더 좋은 인도네시아어 성경 주석서와 신학 서적에 대한 필요가 많아졌다. 판매가 어려울 것이라는 비관적인 예측에도 불구하고 우리는 새 성경 주석 프로젝트에 관심을 기울였다. 새 성경 사전을 만드는 사역의 씨앗도 이미 뿌려졌다. 종래의 방법으로 교회사역을 하게 하는 후원 개발 면에는 문이 닫혔지만, 그러한 서적들은 인도네시아 동료들이 교회에서 복음을 전하고 가르치는 기본적인 사역을 할 수 있도록 해주는 매우 중요하고 전략적인 도구가 되었다.

사역의 형태가 어떠하든지 간에 우리의 목표는 언제나 동일하다; 즉, 인도네시아에 있는 하나님의 교회 안에서 그분께서 영광을 받으시는 것을 보는 것이다.

교회를 위하여 기꺼이 섬기는 종들

Building
The Church

#3
교회 세우기

OMF는 인도네시아에서 교회를 섬기는 것을 목표로 했고, 초창기에는 주로 교회의 목회를 지원했다. 잭과 달린 라전트 Jack and Darlene Largent 는 1959년에 수마트라에 왔는데 처음에는 빨렘방에 갔다가 후에 쁘깐바루로 갔다. 잭은 바딱 개신교회 Batak Protestant Church: HKBP 의 후원을 받아 칼텍스 정유회사의 인도네시아 직원들과 강 건너 룸바이의 외국인 직원담당 목사로 그 회사에 소속되어 있었다. 그는 "우리는 그리스도인들을 양육하는 일을 도와서 그들과 함께, 그리고 그들을 통하여 주변의 공동체에 다가가려고 했습니다."라고 말했다. 그들은 곧 친구가 되었으며 바딱 교회에서 인도네시아어를 사용하는 회중은 성장하기 시작했다. 그 중에는 처음으로 회심하는 경우도 있었다.

라전트 부부는 룸바이에서 다민족 개신교회와 함께 사역했는데 그 교회는 바딱 개신교회와 협력하여 2년 동안 그들을 후원했다. 룸바이 회중은 급속하게 성장하여 두 번째 회중 모임이 쁘깐바루에서 시작되었다. 잭과 달린은 새로운 회중들을 돌보기 위해 한 달에 한 번씩 두리와 두마이 지역까지 몇 시간씩 여행하곤 했다.

잭은 다음과 같이 말했다. "교회의 성장과 나의 멘토 역할에서 핵심적인 인물은 칼텍스의 인도네시아 리더인 알렉스 와네이 Alex Waney 였습니다. 알렉스는 우리를 정말 많이 도와주었습니다. 내가 목사였지만 그는 참으로 룸바이 회중의 목자였습니다. 그는 우리를 위해 음식을 베풀었고, 매 주일 교통편을 제공했으며, 룸바이 공동체의 가정 중심 친교 모임을 돌보았습니다. 심지어 그는 젊은이들의 친교를 위해 우리 지역의 유일한 국영 방송에 한 시간 분량의 기독교 라디오 방송까지 무료로 듣게 해주었습니다... 하나님께서 역사하고 계신 것이 분명했습니다."

당시에 라전트 부부가 제자 삼았던 10명의 젊은이들이 목회자가 되었다. 알렉스의 아들인 루푸스 와네이 Rufus Waney 가 2001년 다민족 개신교회 대회에서 5년 임기의 회장으로 선출됐다. 1988년에 있었던 인터뷰에서 루푸스는 잭에 대해서 이렇게 회상했는데 페기 로리가 그 내용을 다음과 같이 기록하고 있다.

교회 내의 십대들은 매력적인 외모에 다정하며 운동 실력이 좋은 그를 매우 좋아했다. 와네이는 잭의 설교 중 아직도 기억하는 것이 있다. 그러나 더 깊은 인상을 받은 것은 와네이의 할머니가 마지막 투병을 하던 때 신실하게 방문해 주고 격려해 주었던 일과 그 이후 그의 어머니 때에도 똑같이 그렇게 했던 일이었다. 잭은 와네이의 가족과 시간을 보내기 위해 거의 매일 10km 이상 되는 거리를 소형 오토바이를 타고 왔다.

오늘날까지 와네이는 그 일을 회상하면서 자기도 바로 그런 목사가 되고 싶다고 한다."[1]

알렉스는 잭의 멘토가 되었고 잭은 루푸스의 멘토가 되었다. 하나님의 교회를 세우는 특권을 주고, 받고, 나누는 그런 관계가 인도네시아 OMF 사역의 중심이었다.

• • • • •

맥 브래드쇼 Malcolm Bradshaw 는 동원가였다. 그는 1964년 전도 사역을 하기 위해 범교회 재단의 후원을 받아서 자카르타로 왔다. 그의 비전은 모든 교회가 회원으로 참여하는 것이었다. 그는 인도네시아에서 셀 그룹 운동을 시작했다. 첫 그룹은 엔지니어 두 명, 교사와 신학생이 한 명씩, 그리고 맥이 그 멤버였다. 매주 만나서 교제하며 성경공부와 기도로 시간을 보냈다. 그러면서 그들은 그리스도를 증거하고 섬기며 인도네시아를 위해 기도하는 일에 헌신하겠다고 각자 서약했다.

3개월 만에 그 그룹은 또 나뉘었다. 신학생은 자기가 다니는 자카르타 신학교에서 한 그룹을 만들었다. 그 그룹은 이내 다섯 그룹이 되었다. 한 셀은 기독교 출판업에 종사하는 사람들 중심으로 시작되었고 또 다른 셀은 반둥 임마누엘 병원의 간호사 그룹이었다. 그것은 인도네시아 역사에 있어서 '카이로스'의 순간이었다. 그 운동은 1965년 9월과 10월에 이어 급속하게 성장해 나갔다. 1966년 9월이 되자 자카르타에는 30개의 셀이 있었고, 자바와 수마트라의 대학과 직장들 안에 최소한 60개의 셀이 형성되었다. 이 그룹들을 통해 제자훈련을 받은 멤버들이 후일 핵심 리더가 되었다.

· · · · ·

60년대 후반, 수많은 새 신자들이 제대로 준비되어 있지 않은 교회로 몰려들기 시작하자, 훈련이 필요하게 되었다. 70년대까지 인도네시아 OMF 사역자의 거의 절반이 현지교회의 평신도 훈련을 하고 있었다. 캐나다에서 온 제랄드 다이키마 Gerald Dykema 는 남 수마트라에 서 자바 이주자들로 구성된 회중 모임의 리더 36명에게 신학 연장교육 Theological Training by Extension: TEE 을 실시했다. 남아프리카에서 온 베릴 엑스틴 Beryl Ecksteen 은 동부 자바에 있는 GKI 교회들의 주일학교를 도와 발전시켰다. 자카르타에 있는 GKI 서부 자바 교회를 섬기는 호주인 수 해리스 Sue Harris 는 비기독교 배경을 가진 중국인 100여명을 맡아서 주로 교리문답을 가르쳤다.

북 아일랜드에서 온 엘시 퀸 Elsie Quinn 은 자카르타의 대형 교회인 GKI 끄위땅 교회에서 평신도 훈련을 도왔다. 1973년에는 중부 술라웨시로 옮겨 가서 동갈라에 있는 인도네시아 개신교회와 함께 아주 다른 종류의 평신도 훈련을 감당했다. 엘시는 그곳에서 동갈라의 산과 해안에 흩어져 있는 70개의 회중 교회들을 방문했는데 걸어가기도 했지만 이용했던 교통수단이 다음과 같이 다양했다; 지프차, 트럭, 소형 버스, 오토바이, 우차, 말, 트랙터, 항해 보트, 큰 배, 꼬리날개가 달린 카누, 모터보트 등. 침대에서 잘 때도 가끔 있었지만 마루에 매트 하나만 놓고 자기도 했다. 그리고 마을에 있는 강에

엘시퀸

서 목욕을 할 때도 많았다. 우체국이 없어서 소식을 주고받는 일이 제대로 이루어지지 않았기 때문에 미리 연락도 없이 도착할 때도 있었다. 어떤 때는 산사태가 일어나거나 강물이 불어서 지체되기도 했다. "내가 현지 교회 지도자의 집에 도착하면 그는 어린 소년을 마을로 보내어 '그녀가 왔어요!'라고 소식을 전하게 했어요. 그러면 모든 사람들이 모여 왔고 그때 언제 훈련을 시작할지를 계획할 수 있었지요."

엘시는 마을마다 일주일씩 머물면서 포스터와 융판, 흑판을 가지고 오전에는 장로들과 교회 지도자들을, 밤에는 전체 회중을 가르쳤다. 주일에는 설교를 했고 환자들을 방문하며 장례식이나 결혼식에 참석하기도 했다. 그 기간의 하이라이트는 마지막 날 몇 사람이 강단으로 나가 자신들이 준비한 메시지를 반 전체 사람들에게 전하는 실습 시간이었다.

1977년에는 앤 로버츠 Anne Roberts 가 와서 빨루에 있는 엘시와 동역하였다. 앤은 십대들과 주일학교 교사들에게 초점을 맞추었다. 11년이 넘어가자 5-60명 정도의 한 반으로 시작했던 빨루의 주일학교는 반이 약 20개 정도로 성장했으며, 도시 여기저기에서 오는 아이들이 400명이나 되었다. 많은 교사들이 주간 수업준비 강좌나 휴일 성경학교, 그리고 캠프를 위한 훈련을 통해 하나님과의 개인적 교제를 가졌다.

빨루에서 온 주일학교 교사 몇 명은 매우 열정적이어서 찬양 지도, 성구 암송, 시각 자료 준비 및 사용, 성경 이야기 구연 등의 마을 훈련에 매우 도움이 되었다. 함께 했던 이 젊은이들이 종교 교육 교사, 사역자, 그리고 결국에 교회의 지도자들이 되기 위해서 신학교를 갔는데 그것은 내게 매우 격려가 되는 일이었다."

압디 방깔랑 Abdi Bangkalang 은 그 중 한 사람으로 족자카르타에 있는 두따와짜나에서 공부하고 수년간을 술라웨시에서 사역했다. 그는 싱가포르 트리니티 신학교에서 신학 석사 과정을 공부했는데 거기서 OMF 사역자들과 더 깊이 연결되었다. 그는 현재 빨루에 있는 GPID 이사회의 부이사장이다.

• • • • •

개개인을 멘토링하는 것은 교회 사역의 중요한 부분이다. 자바에서 두 번의 임기를 마친 후 리쉬 이브스 Lish Eves 는 마음에 느껴지는 부르심을 따라 1978년에 북부 수마트라로 갔다. 앙꼴라 개신교회 Angkola Protestant Church: 지금의 GKPA 의 후원을 받아 2년 동안 메단에 머무르며 청소년 사역과 설교를 했으며 여성들에게 더 높은 수준으로 가르치기 위해 한 달에 한 번씩 앙꼴라에 다녀왔다. 2월 어느 날

리쉬는 또바 호숫가에서 열린 성경 캠프에서 메단 고등학교의 학
생들에게 메시지를 전하고 있었다.

　　하루는 저녁 '나눔' 시간에 (나는 그 때 숙소로 가 있었기 때문에 이 일
을 보지 못했다) 누군가가 울면서 회개하자 다른 학생도 그 뒤를 따라
회개하고 또 다른 학생이 회개하는 등 마치도 부흥과도 같은 장면이 벌
어졌다. 아르만드 바루스 Armand Barus와 그 친구 서너 명도 그 날 밤에
회심했다. 캠프에 참석했던 거의 모든 학생들이 주님께 나오는 것 같았
다. 그들은 나흘 밤 동안 컨퍼런스가 열리는 홀의 마루에 앉아 거의 잠을
자지 않았다. 그러한 '돌파'는 감정적인 특성이 강했다. 나는 마지막 성경
공부 시간에 그들의 상태가 지속되는지를 두고 보겠다고 말했다!"[2]

학생과 대화하고 있는 리쉬 이브스 그러한 사역으로 많은 열매가 있었다.

이러한 일이 있은 후 "토요일 밤마다 두 세대의 자전거가 메단에 있는 나의 집으로 달려 왔는데 2~6명의 청년들이 내려서 나에게 말하기를, '성경에 X라는 글자가 있던데 무슨 뜻입니까? 그리고 다른 질문도 있습니다.'라고 말했다. 아르만드는 항상 '헬라어로 이것은 무슨 뜻입니까?'하고 질문하던 학생이었다."

아르만드는 북부 수마트라 대학에서 엔지니어링을 전공했는데 기독 학생 그룹에 가입하여 거기서 본 콜린스를 알게 되었다. 리쉬는 노멘슨 대학의 교육학 교수진에 합류하기 위해 쁘마땅 시안따르로 이사했다. 그녀는 성경 캠프에서 아르만드를 이따금씩 만났다. 리쉬는 아르만드에 대해 이렇게 말하고 있다.

"일 년에 두 번 정도 아르만드는 아무 예고 없이 시안따르에 나타났다: '닷새 간 휴가예요. 날마다 당신과 함께 로마서를 읽고 싶

아르만드와 눌란 바루스

어요.'그러면서 '헬라어로 이것은 무슨 뜻입니까? 존 스토트는 무어라고 말합니까?'라고 물었다. 나는 그에게 대답해 가면서 평상시의 분주한 강의 계획과 목양 스케줄을 소화해가야 했다!"

아르만드는 싱가포르 트리니티 신학교에서 처음에 M.Div 과정을, 그리고 나중에는 M.Th 과정을 공부했다. 그 사이에 그 부부는 자카르타 OMF 센터에서 사역했는데 아르만드는 거기서 본국 이사회의 코디네이터로 일했다. 나중에 그들은 찌빠나스 신학교에서 가르치게 되었고 아르만드는 애버딘 대학의 박사 학위를 받은 후 현재 M.Div 프로그램의 책임자로 일하고 있다. 리쉬는 런던 바이블 칼리지에서 가르치기 위해 1987년에 영국으로 돌아갔으나 아직도 아르만드와 눌란 부부와 연락을 이어가고 있다.

하나님의 나라를 확장하는 일에 동참하다

각주

p.47 **1.** East Asia's Millions 1982년 3, 4월호, 호주판
p.52 **2.** East Asia's Millions, 1978년 8, 9월호

Sharing in The Extension of The Kingdom

하나님의 나라를
확장하는 일에 동참하다

마이클 던 Michael Dunn : 1982~1994 인도네시아 필드 대표

> "풍세를 살펴보는 자는 파종하지 못할 것이요
> 구름만 바라보는 자는 거두지 못하리라."
>
> - 전도서 11:4 -

이 시기를 한 단어로 요약하자면 변화, 바로 그것이었다.

이 시기는 "10년" 그리고 "선교비자 발급 중단"이라는 이중적인 어두움 아래 갇혀 있었다. 굵직한 사건들 때문에 인도네시아 OMF 사역이 종지부를 찍게 되는 것이 아닌가에 대한 질문에 부딪히게 된 것이 이번이 처음은 아니었다. 사역을 그만두지는 않지만 중대한 변화가 있어야 한다는 사실을 우리는 알고 있었다. 외국인 사무직원들은 인도네시아인들로 대체되어야 했다. 교회에 관련된 사역은 교육 사역이 되어야 했다. 사역은 학생과 관련된 영역으로 초점이 달라져야 할 것이었다.

사무실을 인도네시아화 하는 작업이 계속되었다. 마침내 필드

마이클던

대표를 누구로 해야 하느냐는 어려운 질문이 남았다. 이 문제에 대해 많은 기도와 토론이 있었는데 그것은 **YAPKI**의 역할 증가와 더 높은 프로필과 나누어서는 해결될 수 없는 문제였다. 인도네시아 안에서 선교에 대한 관심이 증가하여 본국 이사회가 구성되었다. 인도네시아 본국 내에서의 타문화 선교 CCM; Cross-Cultural Mission 는 그들이 **OMF**에서 정책적으로 그 첫 자인 O Overseas 를 어떤 의미로 생각하지를 질문하는 것을 통해서 주로 이루어졌다.

인도네시아에서 지속적으로 사역하고 있던 사람들도 기꺼이 교회 중심의 후원에서 교육 사역으로 전환을 해야 했다. (필드 대표 자신도 그렇게 했다.) 이러한 변화가 일어나기 전에는 충분히 감지하지 못했지만 그 한 가지 결과는 인도네시아 서부에서 인도네시아 동부에로의 지리적 이동이라고 볼 수 있다. 개발지역인 동부 팀의 숫자가 늘어나자 북부 수마트라에 있던 20여명의 직원 수가 감소되었다.

교육에 대한 후원이 증가하자 학생들과 졸업생들에 대한 사역도 증가하게 되었다. 그들에게 기독교 신앙을 증거 하도록 준비시키는 일들이 시작되었다. 이러한 일로 인하여 과거보다 더욱 다양한 인종들에 초점을 맞추게 되었다. 그러나 UPG 학교가 탁월해지자 미전도 종족에 대한 사역을 구체적으로 개발하는 방법을 생각하게 되었다.

이 시기의 사역을 몇 마디 말로 적절하게 묘사하기는 어렵다. 사역을 계속 이끌어 나가기 위해서 정부와 외부 세력으로 야기된 환경 때문에 우리는 사역의 방향을 전환 시킬 수밖에 없다. 우리가 걸어가는 길이 잘못된 것 같이 보일 때도 많았지만, 인도네시아에서 하나님의 나라를 확장시키는 일에 함께 참여하는 일은 큰 기쁨이었다.

THEOLOGICAL MINISTRIES

#4
신학 교육 사역

교회를 세우는 사역은 교회 지도자들과 목사들을 준비시키는 것에 그 초점을 두어야 한다. 데이비드 벤틀리 테일러와 이소벨 그레이가 1953년에 동남아시아 바이블 칼리지에서 가르치기 시작한 이래 OMF는 신학교육을 해 왔다. OMF 사역자들은 아주 학문적인 학교에서부터 기초적인 성경 학교, 그리고 교파에 속한 학교나

북부 수마트라의 시안타르에서 데이비드 베이커가 대학원생들과
도널드 거스리의 '신약 신학(New Testament Theology)' 번역에 관하여 의논을 하고 있다.

초교파적인 학교에 이르기까지 다양한 신학교와 대학에서 가르쳤다. 그들은 인도네시아 신학교 연합회 PERSETIA 나 복음주의 신학교 연합회 PASTI 에 연결된 학교에서 신학적인 중도 노선의 교수들이나 혹은 보수적인 복음주의자들과 함께 일했다. 그들은 또한 대학의 신학 교수들을 가르쳤으며 종교 교사들을 훈련시키는 대학에서도 가르쳤다. OMF는 찌빠나스 신학교나 메단에 있는 압디 삽다 신학교와 같은 곳에서도 가르치면서 수년 동안 그 교육의 영역을 넓혀 갔다. 그 비전은 학생들이 "하나님의 말씀에 뿌리를 내리고 다른 사람들에게로 복음을 갖고 나아가며 그들의 교파에 영향을 주는 삶을 살도록"하는 것이었다. [1]

• • • • •

데이비드와 엘리자베스 베이커 David and Elizabeth Baker 는 1977년에 인도네시아로 왔다. 언어공부와 교회 생활을 경험한 후 그들은 1980년에 쁘마땅 시안따르로 옮겨 갔다. 데이비드는 동남아시아에서 가장 큰 개신교회인 바딱 교회 신학교에서 십 년간 가르쳤다. 정부의 비자 정책 때문에 그곳 사역은 끝났지만 인도네시아에서 가장 역사가 길고 명성 있는 개신교 신학교인 자카르타 초교파 신학교 (STT 자카르타) 사역의 문이 열렸다. 데이비드는 11년 동안 그 학교에서 구약과 히브리어를 가르쳤다. 그는 근무했던 두 학교에서 도서관을 다시 구성하는 방대한 작업을 감당했다. 그는 세심한 주의력으로 현장화된 듀이 십진분류법을 비롯해서 일터의 인간 공학에 까지 관심을 쏟았다.

여러 가지 면에서 데이비드 베이커는 인도네시아에서의 OMF의 신학 사역을 집대성했다고 볼 수 있다. 전략상 매우 중요한 위치에 있는 신학교에서 일하면서 그는 주요 교파의 수많은 목회자들과 미래 교회 지도자들의 삶에 영향을 주었다.

학문에 있어서 매우 진지한 자세를 취하면서 그는 복음주의적 입장이 학문적으로도 존중 받을 수 있다는 본보기를 보여 주었으며 하나님을 섬기는데 있어서 자신의 모든 지적 능력을 사용해야 한다는 사실로 학생들에게 도전했다. 그는 수업과 번역과 편집하는 일에 학생들을 조력자로 활용하면서 그들의 장래 사역에 유용한 기술들을 가르쳤다. 시안따르에서 베이커 부부는 학생들과 함께 살았다. 그 중 한 학생은 자카르타로 와서 결혼하기 전까지 그들 집에서 함께 살았다. 이 학생들은 데이비드와 엘리자베스의 목양적 돌봄으로 인하여 자신들의 중요한 시기에 양육을 받을 수 있었다. 데이비드는 신학 사역의 코디네이터로서 1993년 10월에 최초의 OMF 신학 사역협의회를 조직했다. 그 협의회는 아이디어와 자원을 나누며 인도네시아 신학계의 중심적 인물로부터 이야기도 듣고 OMF의 역할에 대해 전략적으로 생각할 수 있는 가장 기본적인 기회도 제공했다.

신학교에서는 책이 가장 중요한 자원이다. 신학교 도서관은 영어, 독일어, 그리고 화란어로 된 책들로 가득 차 있었지만 인도네시아어로 된 책들이 부족했다. OMF는 비나 까시 출판사를 통해 뉴 바이블 주석과 뉴 바이블 사전을 번역하고 출판함으로 이러한 필요에 응답하기 시작했다. 신학 서적 프로젝트가 시작될 때 그 배후에 데이비드 베이커의 역할이 있었다. 주로 기독교 출판그룹 Christian Publishing Group: BPK 과 함께 일하면서 OMF는 그 프로젝트를 통해 구약개관, 신약신학에 관한 작품들, 기독교 교리, 윤리학, 그리고 선교학을 포함하는 20가지 이상 되는 핵심 주제의 영문서들을 번역했다. 데이비드와 다른 OMF 사역자들은 인도네시아어로 출판할 책들을 집필했다. 그 프로젝트는 특정하게 필요한 부분을 채우는 일에 그 목적이 있었다. 결과적으로 책은 잘 팔렸고 재판을 거듭한 책도 있었다.

• • • • •

60년대에 놀라운 교회 성장이 있었다. 그것은 모든 학교에 종교 교육이 행해져야 한다는 정부의 규정 덕분이었다. 또한 그래서 기독교 교육이 필요하게 되었다. 프랭크와 캐시 스노우 Frank and Cathy Snow 는 살라띠가에 있는 기독교 대학에서 가르치다가 또라자 교

신학 서적 프로젝트를 통해서 발간된 '구약 개관'

회 학교의 교사훈련 프로그램과 종교 교육 과정 구성을 돕기 위해 1966년 술라웨시의 란떼빠오로 옮겨 갔다.

프랭크와 그의 인도네시아 동료들은 실제적인 필요를 알아내기 위해 학교를 방문했는데 사륜 구동차나 말을 타기도 하고 걷기도 하면서 광대한 또라자 랜드 산악 지역을 여행했다. 그들이 훈련 과정을 제시하면 지역의 공립학교 장학관들은 교사들을 불러 모으거나 실제적인 준비를 하는 반응을 보이지 않을 수 없었다. 그 과정은 하루나 이틀 지속되기도 하고 때로는 일주일씩 지속되기도 했다. 그 지역의 성도들은 그들도 참여할 수 있는지 묻기도 했다. 기독교 신앙에 대한 지식이 별로 없는 상태에서도 많은 교회들이 지난 수년 동안 이런 훈련 과정을 수용했다. 그 지역에 사는 장로들과 목회자가 오기도 했다. 기본 과정은 '그리스도인이란 어떤 사람인가?,' '왜 우리는 성경을 읽고 또 기도해야 하는가?' 그리고 '성경 이야기를 어떻게 가르칠 것인가?'라는 간단한 가르침으로 시작했다.

프랭크는 다음과 같이 회상한다. "우리는 사람들이 기독교 신앙에 대한 가르침에 굶주려 있다는 사실에 매우 감격했습니다. 우리가 여러 날 동안 가르친 후에 받게 되는 질문은 동일한데 '언제 다시 오실 겁니까?'라는 것이었습니다."

커리큘럼은 급하게 마련되었다. 영어 주일학교는 시각교재를 만들기 위해 성경 그림들과 크리스마스 카드, 그리고 다른 자료들을 보냈다. 성경협회와 성구선물 선교회는 성경과 학교에서 사용할 성구들을 기증했다. 성구선물 선교회는 또라자 언어로 소책자도 발간했다.

프랭크가 또라자 교회에서 안수를 받은 후에 설교를 하고 교회협의회에 참여할 기회도 많아졌다. 그는 새로 생긴 신학교에서 연속 강의를 맡아달라는 요청을 받기도 했다. 스노우 부부는 술라웨시에서 OMF 사역에 선구자적인 역할을 했다.

신학생들의 배경과 동기와 영적 경험은 놀라울 정도로 다양했다. 어떤 학생들에게는 소명이 이차적 혹은 삼차적 선택으로 "하나님께 대한 부모의 서원"을 마지못해 이루어 드리는 일이었다.

반과 마리안 가르시아 가족

또 어떤 학생들은 하나님의 축복과 부르심에 대한 개인적인 경험을 갖고 있었다. 보편적으로 도덕적인 문제들과 무질서한 행동의 문제들을 안고 있었다. 학문적으로 도전했을 때 그들은 당연시했던 신앙에 대해 질문을 많이 하였다. 영적인 양육이 꼭 필요했다.

반과 마리안 가르시아 Ban and Maryan Garcia 는 2년 전에 다시 문을 연 신학교에서 일하기 위해 1988년에 술라웨시의 란떼빠오로 왔다.

반은 강사와 교목으로서 훈련에 관한 어려운 결정들을 목양적 돌봄과 연결시키는 사역을 했다. 그는 200명의 학생들을 20개의 교제 그룹으로 나누어 그들이 매주 비공식적으로 만나 찬양하고 기도하며 하나님께서 가르쳐주신 말씀에 대해 자유롭게 나눌 수 있도록 했다. 바바라 호프우드 Barbara Hopwood 는 란떼빠오 초교파 신학교에서 가르시아 부부의 사역을 이어 받았으며 팀으로 영성 훈련 과정을 가르쳤다. 그 훈련에서는 학생들에게 성경읽기, 묵상, 그리고 기도뿐 아니라 글쓰기와 침묵의 과정까지 소개했다. 공식적인 가르침과 함께 멘토링도 수년간 지속적으로 이루어졌다.

· · · · ·

기독교 지도자들을 준비시키는 일에 헌신한다는 것은 신실하고 잠재력을 지닌 학생들이 재정 부족으로 인해 그들의 학업을 중단하지 않도록 보증해 주는 것도 포함한다. 예기치 않게 OMF의

East Asia's Millions 에 실린 한 학생에 대한 기사를 보고 여러 사람이 그 학생을 후원했다. 그리하여 신학교 장학 프로그램이 만들어져서 그 학생과 또 다른 학생들을 도울 수 있게 되었고 그 후 그들은 매우 생산적인 사역을 하게 되었다. 헹크 반 더 벨드 Henk van der Velde 는 장래가 약속되는 학생들이 싱가포르에 있는 트리니티 신학교에서 더 높은 학위 과정을 공부할 수 있도록 도와주는 인도·링크 재단 Indo-Link Trust 를 만들기 위해 싱가포르의 기독교인들, 자카르타의 올 세인트 교회, 그리고 OMF 지도자들을 서로 연결했다. 그 목표는 교회를 세우는 일에 비전을 지닌 강사들을 훈련시킴으로써 하나님께서 OMF에 맡기신 것을 확장시키는 것이다.

"학생과 졸업생 자신이 현재
생동적인 믿음으로 성장하고 있지 못하고 있다면
그들이 교회 안팎에 있는 사람들의 필요에 부응하는
사역을 할 수 있을 것이라고 기대할 수 없다."

-바바라 호프우드.[2]

각주

p.62 **1.** Indonesianews, 2002년 7월, Theological Ministries Consultation
p.69 **2.** Indonesianews, 1999년 10월

ADVERSITY AND DIVERSITY

역경과 다양성

존 럭 John Ruck : 1994~1999 인도네시아 필드 대표

뒤돌아보면 새 천 년의 마지막 몇 년을 자카르타에서 보내게 되어 매우 좋았다. 정말 놀라운 순간들이었으며 그 영향은 오랫동안 지속되고 있다!

1996년 2월 10일 이른 아침

거대한 물줄기가 강이 되어 잘란 렛젠 수쁘랍또로 흐르더니, OMF 건물의 입구로 들어갔는데 그 흐름은 이미 우리 주택의 계단과 사무실을 덮었고 곧 그 위 위까지 빠르게 덮을 기세였다.

존 럭

1996년 6월 9일

수라바야에서부터 교회 공격이 시작되디니 기독교인에 대한 박해는 마치도 밀려오는 파도와도 같이 다음 밀레니엄까지 지속되었다.

1997년

인도네시아는 많은 사람이 생계를 잃고 굶주리게 되는 심각한 경제적 위기에 봉착했다. 하나님께서는 그 적절한 시기에 OMF를 통하여 제니 햄린 Jennie Hamlin 을 보내주셔서 긴급 구제기금의 운영으로 사람들을 도울 수 있었다.

1998년 5월 21일

학생들의 시위와 격렬한 폭동이 있은 후 수하르또 대통령은 장기 집권을 포기했고 하비비가 지지를 받는 모습이 텔레비전에 방영되다가 그가 새 대통령이 되었다.

1998년 11월

개인적인 기억으로는 우리가 해안가에서 수양회를 마치고 자카르타로 돌아왔을 때 도시가 다시 긴장상태에 빠져 있었다. 그 주일 아침에는 앤과 내가 자주 갔던 교회에 폭도들이 들어와 교회 건물을 완전히 파괴했고 벽의 일부와 십자가만 겨우 보일 정도였다. 그레자 끄리스투스 끄빠땅 Gereja Kristus Ketapang 은 그 이후 재건축되었다.

1999년 1월

기독교도와 무슬림의 싸움이 암본에서 발발했는데 그 일로 인해 많은 사람이 죽고 불탔으며 마리안 화이트헤드(두 차례)와 엘시 퀸도 도피해야만 했다. 그 이후 섬 밖으로부터 유입된 지하드 세력으로 인해 심한 박해가 일어났으며 개종을 강요하는 사건들이 있었다.

이 모든 드라마에도 불구하고, 눈에 보이지 않고 극적이지는 않아도 섬 전역에서 날마다 계속되는 사역은 영원이라는 시간 속에서 그 의미가 있었을 것이다. 그 기간 동안 우리의 사역은 다양한 모습으로 성장해갔다. 선교지 현장에서는 신학적이고 전문적이며 선교지 중심의 사역 과정을 편성했으며, 비디 테일러 Biddy Taylor 는 그러한 과정을 가지고 칼리만탄에 다시 들어갔다. 영적인 반대 세력이 많았지만 그럼에도 불구하고 에디 빠이문 Eddy Paimoen 이 인도하는 다문화 사역은 섬 전역에 인도네시아 사역자들을 파송하기 시작했으며 본부 이사회에서도 리아 즈부아 Ria Zebua 와 남시 Namsis 부부를 파송했다. 다른 동역자들도 미전도된 사람들에게 전도할 수 있는 길을 찾고자 노력했다. 드러나게 눈에 띄지는 않았지만 그 사이 OMF 인도네시아의 선교는 이미 새로운 국면으로 전개되고 있었다.

CAMPUS MINISTRY

#5
캠퍼스 사역

1952년 인도네시아에는 상급 교육 기관들이 몇 군데 있었다. 50년 후에는 자카르타에만 170개가 넘는 학교가 생겼다. 학생은 나라의 미래다. 1957년 이래 OMF는 사역자들을 종합대학이나 단과대학 강사로 배치했으며 자카르타의 인도네시아 기독대학 UKI, 살라띠가의 사땨 와짜나 기독대학, 그리고 수라바야의 뻬뜨라 학교나 대학과 같은 교육기관들과 지속적인 관계를 맺었다. 대학 도시에서 교회 사역을 후원하는 OMF 사역자들은 학생 사역에도 참여했다. 그들은 인도네시아 크리스천 학생운동 Indonesian Stdudent Christian Movement: GMKI 이나 쁘르깐따스 IFES 모델을 따라 1971년에 설립된 Persekutuan Kristen Antar Univertsitas 와 같은 학생 단체들과 함께 일할 때가 많았다.

학생들과 졸업생들을 대상으로 한 도로시 막스 Dorothy Marx 의 사역은 OMF의 반세기 역사 동안 줄곧 진행되었다. 도로시는 1983년에 인도네시아 시민권을 획득한 유일한 OMF 멤버로서 1957년 1월에 자카르타에 도착했다. 생명의 빵 교회 Gereja Santapan Rohani 의 후원으로 도로시는 대학에서뿐 아니라 나중에 이만 신학대학 STT IMAN, Institut Misi dan Alkitab Nusantara 이 된 선교사 훈련기관에서 가르칠 수 있게 되었다. 1959년부터 그녀는 반둥에 있는 GKI 끄본자띠 교회와 함께 일했으며 1965년에는 GKI 사역자로 임명 받았다. 그녀는 청년 사역과 평신도 훈련 코스를 인도했고 감옥 사역도 시작했다. 그리고 초기에는 성가대를 지휘했고 음악회도 열었다. 강한 음성과 가냘픈 몸매를 가진 도로시의 설교는 힘이 넘쳤는데 약성어를 풍부하게 사용했던 것이 기억에 남고 (예를 들어 juplop= maju dengan amplop)[1] 사람의 마음을 움직이는 힘이 있었다. 그녀는 신학교, 수양회, 그리고 인도네시아 전역의 복음전도 운동에서 설교했다. 80세의 나이에도 불구하고 지금도 주일에 네 번까지 설교를 하고 있다.

학생들은 모두 의무적으로 종교교육을 받아야 했기 때문에 가르칠 수 있는 기회가 많았다. 그녀는 반둥에서 교육국뿐 아니라 반둥 기술원, 그리고 자신이 교목으로 있던 마라나타 기독대학에서 종교학과 윤리학을 가르쳤다. 자카르타에서 그녀는 인도네시아 대학과 인도네시아 기독대학에서 가르쳤으며 이만 IMAN에서 가르치는 일도 계속했다. 1992년에 도로시는 반둥 신학교 총장으로 임명되었다. 그녀의 저서 가운데 「이것도 가능하지 않은가 Itukan Boleh」와 「믿어도 될까요? Bolehkah Aku Percaya?」는 수년 동안 베스트 셀러였다.

도로시는 학생들을 그리스도께 인도하고 그들에게 강한 성경
적 기초를 제공하며 그들이 모든 분야에서 그 타락상에 맞설 수 있
는 통합된 인격의 기독교 전문가가 되는 것을 보는 일에 관심이 있
었다. 반둥 과학원 학생들이 구원에 관한 에세이를 썼는데 그녀는
학생 한 사람 한 사람을 인터뷰했다. 그녀는 시간에 대해 매우 엄격
했으나 학생들이 편안한 분위기에서 마음껏 이야기를 나눌 수 있
는 공간을 만들기도 했다. 1978년에는 자기 집을 오픈하여 교제와
모임의 장소로 활용했으며 문제를 갖고 오는 학생들을 상담해 주
기도 했다. 사역이 성장해 갈수록 모이는 집을 옮겨야 했는데 1982
년에는 쁘르깐따스라는 학생 그룹이 만들어졌다. 오늘날 인도네
시아의 지도적인 기독교인들과 OMF 사역자들은 도로시가 그들의

도로시막스

삶에 끼친 영향이 매우 컸다고 증거하고 있다.

. . . . .

로즈마리 앨디스 Rosemary Aldis 는 1969년 5월, 인도네시아에서의 첫 번째 주간에 렝꽁에서 아바 Aba 를 만났다. 로즈마리는 다민족 개신교회의 후원으로 북부 수마트라 대학에서 물리학을 가르치게 되었다. 아바는 북 술라웨시에 사는 기독교 가정에서 자란 의학도였는데 육십 년 대 후반 까로 바딱 마을에 왔던 마이클 던의 전도팀에 가담한 후로 예수님과 개인적 관계를 갖게 되었다. "아바는 나의 조언자요 친구며 동역자가 되었어요. 나를 북부 수마트라에 소개하고 내가 그 지역 상황을 이해할 수 있도록 도와 준 것도 아바였어요."라고 로즈마리는 말했다.

로즈마리 앨디스

1970년에 로즈마리와 아바는 메단에 있는 GMKI 사무실에서 토요일 오후의 성경공부 그룹을 시작했다. 참여자의 수가 늘어가자 정규적으로 그 모임에 참여했던 열 두 명의 학생들은 일 년 후 그들 각자의 모임을 인도하는 리더들이 되었다. 로즈마리는 그룹들을 조정하고 공부 교재를 준비하기 위해 리더들을 함께 모으기도 하고 주간 연합기도회를 열기도 했다. 그리고 그녀는 매년 열리는 성경캠프와 리더십 훈련 코스, 그리고 까로 고지의 전도 여행을 조직했다.

1977년에 로즈마리는 본부 사역과 후일 맡게 될 서 수마트라 빠당의 사역을 위해 위해 메단을 떠났다. 아바와 그의 아내 아그네스는 일 년간 싱가포르에 있는 제자훈련센터로 갔다가 그 후 딸라우드의 외딴 섬에서 4년간 헌신했다. 또모혼의 본부로 돌아간 아바 박사는 베데스다 병원이 운영하는 북 술라웨시 복음주의 교회의 공중보건 프로그램 PMKD 책임자가 되었다.

영양학자인 엘렌 킬로 Ellen Killough 가 영양학자로서 병원에서 가르치며 지역 건강프로그램의 한 부분을 맡아 일하기 위해 1991년에 또모혼에 왔을 때, 로즈마리는 OMF 인사과의 국제 책임자였다. 아바는 엘렌이 문화적으로 적응하는 동안 그녀를 멘토해 주기로 했고, 나중에 로즈마리에게 편지 쓰기를 엘렌이 "잘하고 있다"고 했다.

· · · · ·

80년대에는 인도네시아 전역에 기독교 학생 단체들이 급격하게 성장했다. 존과 루스 챔버스 John and Ruth Chambers 는 기독 학생들의 졸업 후의 일에 관심을 기울였다. 쁘르깐따스와 함께 일하면서 그들은 1985년 반둥에서 대학졸업자 훈련 프로그램 PPAK 을 시작했다. 4개월 동안 진행되는 코스는 성경적 리더십 공부와 공동체 안에서의 삶에 대한 훈련과 더불어 진행되었다. 목표는 크리스천 졸업자들을 차별화 시키는데 있었다. 챔버스 부부가 인도네시아를 떠난 후에는 그 모임에 대한 등록이 저조해졌으며 그 모임은 반둥에 있는 기독인들을 위한 단기 리더십 훈련에 수년 동안 초점을 맞추어 왔다. 1998년에 대학졸업자 훈련 프로그램은 외지 섬으로부터 온 사람들에게 초점을 맞추는 2개월 단위의 프로그램으로 재개되었다. 2000년 8월에 반둥으로 오기 전에 수년 동안 말루꾸에서 졸업생 연합회와 함께 일했던 마리안 화이트헤드가 그 프로그램에서 중요한 역할을 했다.

· · · · ·

손창남 선교사는 두따와짜나 대학에서 회계학을 가르치기 위해 1991년에 족자카르타로 왔다. 학생 몇 명이 와서 이 한국인에게 영어를 가르쳐 달라고 했다! 손창남 선교사와 그의 아내 안은숙 선교사가 생각했던 비전은 영어를 매개로 학생들을 데리고 오고, 그들 중에서 선택된 리더들을 훈련시키는 것이었다. 그래서 금요일 저녁마다 집에서 친교 모임을 시작했다. 대여섯 명의 학생들이 영어 연습을 하려고 모여서 노래와 게임과 성경 공부를 했다. 그들은 한국의 죠이 선교회 이름을 따서 명칭을 죠이 펠로우십 Jesus first, Others second, You third 이라고 했다. 1995년에 죠이 센터가 문을 열었으며 1996년에는 죠이 재단이 인도네시아에서 법인체로 등록되었다. 이때까지 죠이에는 족자카르타의 70개 대학들 가운데서 여러 대학에서 모여온 100명 정도의 멤버들이 있었다. 자녀들의 학교 문제 때문에 살라띠가로 이사를 했는데 그곳에서도 죠이 모임이 시작되었다. 손 선교사는 매주 족자카르타에 다녀왔다.

손창남 선교사는 OMF, 예수전도단, 혹은 한국 죠이선교회가 운영하는 SPOT/Serve Asia 장기 선교사와 단기 프로그램의 젊은이들을 이 사역으로 이끌어 들였다. 손 선교사 부부는 2001년 한국 OMF의 책

조이 수양회 참석자들과 대화하는 손창남 선교사

임자로 선출된 후에 한국으로 돌아갔다. 그러나 죠이 선교회와의 연결은 지속되고 있다. 사나따 다르마 대학에서 강의하는 페기 로우리와 한국에서 와서 족자카르타에서 인도네시아어를 공부하는 OMF 파트너 경의영과 희연 부부는 2001년에 죠이 선교회와 함께 사역하기 시작했다.

손 선교사가 모범을 보여준 대로, 그리고 전체 교제에서 보이는 것처럼 죠이 선교회의 첫 번째 특징은 사랑과 목양적 돌봄이었고, 셀이 사역의 중심이었다. 모든 죠이 멤버들은 교제와 나눔과 기도를 위해 셀에 소속했다. 가장 헌신적인 사람들은 여섯 개의 위원회 가운데 하나에 가입하도록 권유를 받았는데 그 위원회들은 금요일마다 각각의 정규 모임을 갖고 있었다. 일부 위원회 멤버들은 셀 리더가 되었으며 그 중 일부는 나중에 스태프가 되었다. 각 단계마다 신중한 멘토링을 매우 중요시했기 때문에 리더 훈련과 수양회를 자주 열었다. 죠이 멤버들의 두 번째 슬로건과 비전은 '전염성 있는 기독교인이 되는 것'이다.

$$\bullet \;\; \bullet \;\; \bullet \;\; \bullet \;\; \bullet$$

마이클과 캐롤라인 화이트의 집은 언제나 젊은이들로 가득 찼다. 마이클이 뻬뜨라 기술학교에서 가르쳤던 수라바야에서나, 부부가 OMF 본부에서 두 사람 몫의 사역을 감당했던 자카르타에서,

마이클과 캐롤라인 화이트

또 술라웨시의 란떼빠오에서 그들의 집은 언제나 젊은 이들로 가득 찼다. 마이클은 란떼빠오 기술학교에서 가르쳤다. 그러나 또라자 교회 신학교의 신학생들에게 그랬던 것처럼 고등학교 학생들도 환영을 받았다. 학생들은 금요 성경공부와, 주일학교 준비와, 상담, 그리고 실제적인 도움을 받기 위해 그들을 찾아 왔다.

학생들은 지속적으로 회비를 내는 것을 힘들어 했다. 마이클은 스스로 해결하도록 하는 기본 원칙을 가지고 그들을 도왔다. 어떤 학생들은 조각한 또라자 시계를 만들었으며 (스위스로부터 온 친구가 수입해온 도구들을 가지고) 또 다른 학생들은 주문을 받아서 기념품을 보내는 우편 업무를 감당했다. 마이클은 베짝 (삼륜 자전거)을 사서 학생들에게 빌려 주었다. 신분에 민감한 사회 속에서 신학생이나 기술학교 학생들이 몸소 베짝을 몰아 자급자족한다는 것은 과히 혁명적인 사건이었다! 기술학교에서는 전도를 위한 배관

공사 강좌가 있었는데 마이클은 매주 짧은 믿음의 이야기로 강좌를 마쳤다. 이내 그 강좌를 이수한 세 명의 남학생이 지역 병원의 급수 시스템을 수리했으며 비기독교인 몇 명은 복음에 대해 질문했다.

란떼빠오 기술학교에서 그 해 최우수 학생이었던 율리아누스는 직장을 얻기 위한 인터뷰도 제대로 못해서 일자리를 얻을 수 없던 매우 수줍은 청년이었다. 마이클은 학교에서 그를 기술 조교로 데리고 다녔다. 그는 성경 공부 모임에 왔으며 마이클이 예수 그리스도에 관한 영화 슬라이드를 마을 사람들에게 보여 주기 위해 12볼트 슬라이드 영사기와, 확성기, 그리고 차 건전지를 갖춘 전도팀을 데리고 다닐 때 그는 팀의 기술자가 되었다. 그 때 율리아누스는 자신이 사역에 부르심을 받았다고 느꼈으며 신학교에서 캐롤라인의 영어 수업에 참여하게 되었다. 화이트 부부는 잉글랜드에서 삼 년을 보내고 1998년에 자카르타로 돌아왔다. 율리아누스는 사역할 수 있는 자격을 갖춘 후 OMF의 다문화 사역에 참여하기 위해 자

율리아누스는 자기가 배웠던 기술을 현재 하고 있는 CCM 사역에 잘 사용하고 있다.

카르타로 돌아왔다. 그가 가진 공업 기술과 신학교육을 합하면 그는 인도네시아의 어려운 지역에서 사업을 할 수 있는 완벽한 준비가 되어 있었다.

보고르에서의 훈련 도중에 그는 메단 신학교 졸업생인 니르마와띠를 만났다. 그들은 2003년에 결혼하여 함께 수마트라에서 섬기고 있다.

FRIENDS BY THE GRACE OF GOD

하나님의 은혜로 만난 친구들

빠누수난 시레가르 PANUSUNAN SIREGAR : 1980~현재 인도네시아 YAPKI-OMF 이사장

> "우리가 알거니와 하나님을 사랑하는 자 곧 그의 뜻대로
> 부르심을 입은 자들에게는 모든 것이 합력하여 선을 이루느니라."
> - 로마서 8:28 -

빠누수난 시레가르

내가 OMF와 관계를 맺게 된 것은 46년 전 한 단순한 사건 때문이었다. 1957년 어느 날 애들레이드 대학의 까페에 앉아서 식사를 하고 있는데 내 곁에 한 호주인이 앉아 있었다. 우리는 서로 자기소개를 했다; 나는 당시에 인도네시아로부디 그 대학에 가서 기술 과목 교수로 이년 째 가르치고 있었고, 그는 의과대학 4학년이었다. 그는 자기가 다니는 교회의 주일 예배에 나를 초청했는데 성령께서는 거기서 나로 하여금 예수 그리

스도를 나의 주님이자 구세주로 영접하도록 인도하셨다.

내 친구는 나를 니콜스 부인에게 소개했고 부인은 나를 자기 집에 초청했다. 그녀가 중국내지선교회의 선교사였기 때문에 그녀를 통해서 나는 중국내지선교회를 알게 되었다.

1963년에 자카르타로 돌아왔을 때 나는 잘란 까르띠니 Jl. Kartini 의 OMF 기도 모임과 와 말콤 브래드쇼 Malcolm Bradshaw 의 집에서 열리는 기도모임에 참석했다. 말콤과 그의 아내 로다는 호주에서 공부한 영어교사에게서 인도네시아어를 공부하고 있었다. 알마 엘레오노라 또빙 Alma Eleonora L. Tobing 은 하나님의 말씀을 공부하고 열심히 기도하는 세련된 여인이었다. 우리는 1965년에 결혼했고, 그 후 YAPKI- OMF 사역에 적극적으로 참여했다.

내가 OMF의 친구가 되고 이사회에서 섬기게 된 것은 하나님의 은혜요 인도하심이었다. 지난날을 돌아보면 걸음걸음 주님을 찬양하지 않을 수 없다. 모든 발걸음을 주께서 인도해 주셨고 YAPKI- OMF의 사역을 앞으로도 계속 인도해 주실 것이다.

OMF의 동료들은 여러 도시에서 학생 사역을 이루어 나갔으며 나중에 그 모임들은 서로 연합하여 쁘르깐따스 Perkantas 라는 조직이 되었는데 그것은 OMF 사역과 친구들을 통해 이루어진 또 다른 하나의 생동감 넘치는 발전이었다. 주님을 찬양합니다!

OMF 사역자들은 있는 모습 그대로 신실하게 주님을 섬겼다. 주

님을 사랑하고 그 뜻대로 부르심을 받은 사람들에게 주님은 사소
한 작은 일들로부터 선하고 광대한 영향력을 이끌어 내신다.

Holistic Ministry

#6
전인적 사역

의료 사역은 국영화하는 인도네시아 정부의 방침 때문에 제대로 할 수가 없었다. 복음 증거의 초창기에 자바인들이 놀라울 정도로 복음에 문을 열게 된 것은 루퍼트 박사와 제넷 클라크 Dr. Rupert and Jeanette Clarke, 그리고 동부 자바 뚜렌에 소재한 구세군 병원에서 일하던 사람들의 역할이 매우 컸다. 그 이후의 의학적 후원은 1974년에 알리사 바커 Alisa Barker 가 북부 수마트라 쁘마땅 시안따르에 있는 인도네시아 감리교 대학에서 임상의학을 강의한다든지 멀리 떨어진 섬들에서 사역한 것과 같이 가르치는 일로 옮겨갔다.

와나 사람들은 가장 가까운 마을로부터 사흘을 걸어야 도착할 수 있는 중부 술라웨시의 정글에 살고 있다. 중부 술라웨시 교회는 필리핀 사람인 OMF 사역자 말린 그리스토모 박사 Dr. Marlene Christomo 를 그 지역에 파송했다. 그녀는 1991년부터 소수의 인도네시아인 팀을 이끌고 항공 선교사회의 비행기로 그곳에 가서 2~5주 동안 머물렀다.

중부 술라웨시 우엔땅꼬 오지 마을에는 매달 항공 선교사회의 비행기가
의료 팀을 데리고 와서 와나 부족에게 전인적 사역을 했다.

그 이후 1995년에 넬리 후르세푸니 Nelly Hursepuny 는 OMF 다문화 사역의 멤버가 되어 자카르타 병원의 상근 간호사 직을 사임하고 그 팀에 참여했다.

첫 번째 도전은 와나 사람들의 신임을 얻는 일이었다. 그곳에서 정령 숭배하는 주술사들은 그 팀이 오는 것을 반대했으며 사교의 방해에 직면할 때도 많았다. 그러한 갈등의 한 예로 또위스 Towuis 의 이야기가 있다.

또위스가 논에서 일하고 있는데 산통이 시작되었다. 이틀 후 말린에게 대나무 평상으로 좀 와달라고 했다. 그 평상은 주로 쌀을 추수할 때 사용하는 곳이었다. 그곳에서 또위스가 출산의 고통을 겪

자라게 하신 하나님 | OMF 인도네시아 · 초기 50년

고 있었는데, 주술사는 와서 환자에게 비난을 하고는 떠나버렸다. 말린은 예수 그리스도께 기도했다. 얼마 안 있어 사내아기가 태어났는데 파랗게 질려서 숨을 쉬지 못했다. "입에서 입으로 인공 호흡하여 아기가 회복되자 가족들은 정말 기뻐했고, 나도 매우 기뻤다!"고 그녀는 고백했다.

1992년에 또위스의 아기가 탄생한 일로 인하여 작은 진전이 있었다. 그 팀은 예방주사, 건강교육, 그리고 지역 보건국 직원연수 등을 포함한 건강 프로그램을 소개했다. 그리고 "자르고 태우는" 오래된 방식을 대체할 수 있는 농사 방법을 가르쳤고 관개 사업을 개발했다. 그들은 몇 주 동안 그저 복음을 전했다. "예수님 이야기"를 그 지방 언어로 번역하여 슬라이드로 사람들에게 보여 주었고, 사역은 새로운 지역으로 확장되어 나갔다. 진전은 서서히 이루어졌지만, 6년 후에 말린과 넬리는 아이들이 건강하고 영양도 충분하며 몇몇 가정이 그리스도인이 된 것을 볼 수 있어서 매우 기뻤다.

이것은 정말 사람을 고갈시키는 사역이어서 기도가 많이 필요했다. 위장된 모습으로 다가오는 다양한 영적 반대 세력과 전쟁을 치루는 일이었기 때문이었다. 그들은 밤에 잠을 못 이루거나 건강이 악화되는 경험들을 하면서 사교의 세력이 억압해 오는 것 같이 느꼈다. 행정적인 문제들도 사역을 어렵게 했다. 말린은 아버지가 돌아가셔서 필리핀으로 귀국했다가 몇 년 후에 이번에는 OMF의

파트너가 되어 인도네시아로 돌아왔다. 그 후 **OMF**의 다문화 사역을 떠나 가난한 사람을 섬기는 일에 같은 비전을 가졌던 의사와 결혼하였다. 말린과 그 남편은 지금도 술라웨시에서 매우 적극적으로 기독교 사역을 펼치고 있다.

· · · · ·

볼프강과 브리기트 슈로더 Wofgang and Brigitte Schoroder 는 자카르타에서의 초창기 시절부터 도시 빈민들에게 마음이 끌렸다. 이웃인 루미 S.S. Lumy 는 거리의 아이들에게 전도하는 일에 열심이었다. 밤이 되면 그는 볼프강을 데리고 다리 밑과 철로길 주변에 있는 그의 "친구들"을 찾아 가서 쌀과 헌옷을 나누어 주고 그들에게 예수님 이야기를 들려주었다. 루미는 이런 거리의 아이들 수백 명과 중산층의 교회 식구들을 초청하는 대형 크리스마스 파티를 계획했고 볼프강과 브리기트도 그를 도왔다.

슈로더 부부는 12살 짜리 딸을 데리고 온 한 어머니를 보았다. 크리스마스 파티가 끝나고 그 어머니는 철길 건널목 쪽으로 그들을 데리고 가더니 '여기가 우리 집'이라는 것이었다. "나는 너무 놀랐습니다. 왜냐하면 우리가 보기에 그곳에는 집이 없었기 때문입니다"라고 볼프강은 회상한다. "브리기트와 나는 마음이 매우 혼란스러워서 그 어머니와 아픈 딸인 와티를 돌보기 위해 내일 아침 다시 와야겠다고 마음먹었습니다. 우리가 본 것은 녹슨 선반들과 물결 모양의 철제들, 마분지, 그리고 종이 등으로 '지어진' 아주 작은 판잣집들이었습니다. 두 개의 교차로 사이에 사람들이 70명 있었습니다. 우리는 자카르타에 있는 수십만의 도시 빈민이라는 광활한 바다에서 우리가 섬길 노숙자들을 보여 주시기를 주님께 기도해 왔었습니다. 우리에게는 이 사람들이 주님의 응답이라고 생각되었습니다."

슈로더 부부는 철로 가에 사는 사람들을 찾아 가 지역 보건소에 데리고 가는 등, 실제적인 방법으로 도우면서 그들과 교제하기 시작했다. "공공 보건소에서 기다리거나 함께 병원에 있으면서 그들에게 복음을 전할 수 있는 기회가 많았는데 그들은 매우 수용적이고 자연스러운 태도로 복음을 받아들였습니다."

원래 볼프강은 인도네시아 대학에서 전기공학을 강의하도록 독일 교회가 파송한 사람이었다. 그와 브리기트는 자카르타에서 OMF 기도 모임에 참석했으며 6년간 독일에 있다가 1983년에 OMF 멤버가 되어 인도네시아로 돌아왔다. 이번에는 볼프강은 우끄리다 대학에서 강의했고 브리기트는 도시 빈민 사역에 참여했다. 매주 수요일마다 한 그룹의 사람들이 그들의 집에 왔다. 매트 위에 앉거나 베란다에 앉아서 그들은 긴장을 풀고 게임도 하면서 이야기 꽃을 피웠다. 식사가 끝나면 복음을 전했다. 손님들 가운데 어떤 사

철로 가에서 살고 있는
어머니와 아기를 만나고 있는 브리겟 슈뢰더

람들은 샤워를 하기도 했다. 그리고 슈로더 부부는 의료적 도움이 필요한 사람들을 인도네시아 교회에 부속되어 있는 공공 외래진료소로 데리고 갔다.

1991년 3월 28일 브리기트의 갑작스러운 죽음으로 인해 모두가 충격을 받았다. 그녀의 따뜻하고 사랑스러운 미소와 강한 믿음, 견고한 기도사역, 그리고 지칠 줄 모르는 베풂은 많은 사람들에게 깊은 인상을 남겼다. 볼프강과 두 딸 크리스티안과 쥴리아는 그들이 이미 계획했던 고국에서의 사역을 위해 독일로 돌아갔다.

철로 개발 사업으로 인하여 그곳에서 살던 사람들은 집을 떠나 여러 곳으로 흩어져 버렸다. 그러나 우끄리다에서 볼프강의 조교였던 잘론따르 부따르 - 부따르 Jalontar Butar-Butar 는 소수의 인도네시아 기독교인들과 성공회로부터 나온 몇몇 사람의 도움을 입어 그 사역을 계속했다. 인도네시아 사역자들이 있는 인도네시아 회중 모임은 영어를 사용하는 회중과 함께 성장해 갔다. 때때로 베이커는 집에서 간단한 예배를 드렸다.

이러한 종류의 전인적인 사역은 인도네시아 OMF로서는 새로운 것이었다. 그러나 몇 명의 OMF 사역자들은 80년대에 가난한 사람들을 위한 사역 그룹에 참여했으며 1990년에 볼프강 슈로더는 도시사역 코디네이터로 임명되었다. 비록 그 직임이 지금은 없지만 이 사역에만 헌신하기를 원하는 사람이 있는지에 대한 관심은 여전히 남아 있었다. 도시 빈민들에 대한 마음의 부담을 가진 뉴질랜드 OMF 동역자 빈스와 제니 햄린 Vince & Jennie Hamlin 이 1998년 초에 자카르타에 도착했다.

아시아 화폐 위기 이후에 인도네시아의 경제는 무려 8천만 정도로 추정되는 사람들이 최저 생계수준 이하로 떨어지는 몰락 상태에 있었다. 이러한 위기에 영향을 받는 사람들을 돕기 위해 전 세계의 많은 그리스도인들이 지속적으로 OMF에 돈을 보내왔다. 이미 알려진 신용 있는 기독교 단체들을 통해 들어오는 기부금들을 긴급 구제기금 The Crisis Relief Fund 으로 모아서 종교의 종류에 관계없이 필요한 사람들에게 전달하였다.

제니는 젠느 빠띠시나 Jenne Pattisina 와 한께 OMF 사무실과 OMF 멤버들의 소규모 팀에서 일했다. 초기에 오는 선물들은 기본 식량이나 의료품과 같이 긴급 상황을 위한 것들이었다. 빈스는 최소 신용대출 전략을 세웠다. 각 가정들은 소규모 사업을 시작할 수 있는 돈

제니 햄린은 위기 구제 기금(Crisis Relief Fund)과 함께 사람들을 도왔다.

을 대출받는데 그들이 매주 반환하는 돈은 같은 지역사회의 다른 가정들도 동일하게 대출을 받을 수 있는 기금이 되었다. CRF는 가난한 마을에 화장실을 지어 주었으며 자카르타 거리의 아이들 사역을 후원했다. 또한 고아원에서 오리를 키우는 것과 같은 자급자족 계획에 자금을 지원했고 학생들에게는 장학금을 주었다. 몰루칸 섬의 종교 전쟁은 점점 더 사태가 나빠졌으므로 팀은 그들에게 음식과 옷과 약, 그리고 기독교인 난민들의 피난처를 지을 수 있는 건축 재료를 배로 실어 보냈다. 아쩨 기독교인들과 칼리만탄의 무슬림 난민들도 동일한 도움을 받았다.

몇몇 긴급 구제금융 프로젝트가 OMF에서 가까운 슬럼 지역에 시작되었는데 그곳에서 빈스와 제니는 친밀한 우정을 쌓아갔다.

자라게 하신 하나님 | OMF 인도네시아 · 초기 50년

그러나 애석하게도 종교적 긴장이 일어나게 되자 슬럼 지역을 자유롭게 방문하는 일이 어려워졌다. 그러나 일부 친구들이 해믈린의 집에 왔기 때문에 함께 예수님에 관한 비디오를 볼 수 있었다. 해믈린 부부는 2001년 말에 인도네시아를 떠났다. 제니는 다음과 같이 회상하고 있다.

이 사람들은 우리에게 큰 축복이 되었는데 그들은 정말 우리를 사랑하고 또 돌봐 주었어요. 그들은 우리를 위해 정기적으로 기도해 주었지요. 동시에 우리도 그들의 기쁨과 슬픔을 함께 나누었습니다. 애석하게도 그들에게는 슬픔이 더 많았습니다. 우리가 그곳에 있던 동안에 가까이 지냈던 가족의 두 자녀가 죽는 일이 있었어요. 그렇게 사랑을 많이 받던 아이들이었는데 그 부모가 충분한 돈만 있었더라면 치료할 수 있었을 텐데 죽어야만 하는 상황을 보니 나도 매우 힘들었어요.

긴급 구제금융은 절망적인 상황에 있는 수많은 인도네시아 사람들에게 그리스도의 사랑과 돌봄을 제공하는 긴급 사역이었다. 2002년이 되자 OMF의 긍휼 사역은 좀 더 집중적인 전략으로 옮겨가야 할 시기를 맞게 되었다. 이것은 새롭게 조직된 전인 사역 Holistic Ministries Group 팀에게 있어서 하나의 도전이었다.

WHAT IS THE NEXT STEP?

다음 단계는 무엇인가?

알프레드 시만준딱

초창기 OMF 사역은 중국어 사용자에게 초점을 맞추면서 홍콩에서 문서들을 수입해 왔다. 1954년에 정부가 외국 자료 수입을 금지하자 OMF는 기독교 출판 그룹 BPK 과 제휴하여 OMF 인쇄물들이 인도네시아에서 출판되도록 하였다. 그런 협력 관계는 정말 행복한 것이었다. 10년 안에 160개의 소책자들이 인도네시아어, 자바어, 순다니스어, 바딱 토바어, 그리고 바딱 까로어로 출판되었다. OMF와 인도네시아 기독교 출판그룹은 칼라로 된 52종의 성경이야기 소책자와 30개의 재미있는 제목의 책들을 출판했다. 그 가운데 70%가 번역물이었으며 모두가 영적인 내용에 관한 것이있다.

1979년에 OMF는 기독교 출판그룹과의 협력 사업에 감사를 표하고 독자적인 출판 조직을 운영하기 시작했다. 새로운 출판사의 이름은 비나 까시 Bina Kasih 였다.

하나의 조직은 하나의 아이디어와 함께 시작한다. 그러나 그 아이디어가 아무리 훌륭하고 조직적이라고 하더라도 그 조직을 운영하고 섬기도록 부름 받은 사람들에게 생명력이 없다면 그 아이디어는 하나의 몽상에 지나지 않을 것이다. 그렇기 때문에 이렇게 축하하는 자리에서 우리는 몇 분의 이름을 존경과 사랑으로 거명하게 된다.

첫째로 조지 스티드 선교사인데 그는 기독교 출판그룹의 제이 베르퀼 Dr. J. Verkuyl 박사와 함께 문서 사역을 처음 시작한 사람이다. 다음에는 데이비드 엘리스로 그의 인도네시아어 실력은 본토인의 수준과 같았다. 낸시 다이셔 Nancy Deischer 는 나중에 나수션 Mrs. Nasution 부인이 되었는데 그녀는 작문 세미나를 열었다. 리타 흄즈 박사 Dr. Leatha Humes 는 인도네시아 교회 협의회 기독교 교육 위원회와 함께 학교를 위해 일련의 책을 집필했다. 마지막으로 빠누수난 시레가르 Panusunan Siregar 인데 그는 1979년 이래 비나 까시를 이끌었다. 그리고 책임자인 오뿌숭구 H. A. Oppusunggu 는 직원들과 함께 수년간 신실하게 책임을 다했다. OMF 비나 까시를 섬겨온 모든 사람들에게 모두 잘 알고 있는 "천국에서 당신의 상급이 크도다."라는 노래를 바친다!

다음 단계는 무엇인가? 우리는 비나 까시의 주 업무가 더 이상 번역 출판이 되지 않도록 하기 위해 독자들의 필요에 민감하면서도 "마음에 와 닿는" 언어 구사력을 지닌 인도네시아 작가들을 동원할 필요가 있다.

앞에서 언급한 바대로 실제적으로 모든 비나 까시 출판물들은 영적인 책이다. 주 예수께서는 구원의 소식을 설교와 가르침을 통해서뿐만 아니라 작품과 행동을 통해서도 소통하기를 원하셨다. 그는 소경의 눈을 뜨게 하셨고 병든 자를 고치셨으며 5,000명의 사람들에게 먹을 것을 주셨다. 주님께서는 일상적인 삶과 고통 가운데 있는 사람들을 만져 주셨다. 그러므로 비나 까시는 이런 일상의 투쟁에 관한 책들을 출판하기 원한다. 개발 도상 국가들에 관한 연구조사에 의하면 인도네시아의 교육 수준은 최하위에 속한다. 그러므로 우리가 또 달리 힘을 기울여야 할 분야는 교육이다.

LITERATURE & MEDIA

7

문서와 미디어 사역

책은 사람의 삶을 변화 시킬 수 있다. 그렇기 때문에 인도네시아 OMF는 문서 사역을 중요하게 여긴다. OMF 사역 초기에 국내 기독교 출판사인 BPK는 OMF 서적들을 5개의 서점과 인도네시아 전역에 있

러셀 그리그 자카르타의 잘란 뀌땅에 있던 첫 BPK 사무실 앞에서.
인쇄업자에게 지불하려고 1,300만 루삐아를 자루에 넣어 운반한 적도 있었다.

는 수백 개의 작은 대리점으로 배포하는 일에 동의해 주었다. 홍콩에 있는 OMF 크리스천 위트니스 출판사 Christian Witness Press 는 배로 인도네시아까지 실어 보낼 방대한 양의 서적과 포스터와 소책자들을 인도네시아어와 중국어로 제작했다. 정부가 외국에서 인쇄된 인도네시아어 출판물 수입을 금지하자 BPK는 인도네시아 OMF가 제작한 문서들을 출판하기로 동의했다. 1965년에 BPK는 현 BPK Gunung Mulia 그 영역이 전국적으로 확장되었다. OMF는 전도 또는 목양적 성격을 지닌 "전도 문서"들을 출판하기로 동의가 되었다.

BPK는 OMF 사역자 몇 명을 후원했다. 러셀 그리그 Russel Grigg 는 매우 불안정한 경제 상황 속에서도 출판 사역이 성공적으로 그 기초가 놓이도록 했고, 무려 11년 동안이나 그 사역을 지속했다.

출판하는 것은 정말 악몽과도 같았다. 종이는 귀했고 가격은 터무니없었으며 인쇄업자들은 더 수지가 맞는 계약을 선호했기 때문에 기독교 서적 인쇄는 끝날 때까지 계속 재촉해야만 했다. 판매는 문제가 되지 않았다. 인도네시아 OMF 전체 출판물 가운데 최초로 출판된 빌리 그래함의 「하나님과의 평화」는 1960년에 9,000권 이상 팔렸으며 수차례 재판되었다. 그러나 일반적으로 책은 사치스런 품목에 속했으며 경제가 불안정할 때는 판매 역시 부진했다. 수년 동안 환율이 급격하게 떨어지는 일이 여러 차례 반복되었으며 종이와 출판 비용은 치솟아 오르고 판매는 감소되었다.

하솔로안 오뿌숭구

OMF 선교사들이 번역을 점검하고 편집도 했지만 인도네시아인들이 직접 번역해야 한다는 사실에 모두 다 동의했다. 충분한 영어 구사력과 모국어에 대한 문학적 재능과 영적 이해력을 가진 인도네시아인을 발견하는 일은 매우 어려운 일이었다. 그런데 1964년 어느 날 하솔로안 오뿌숭구 Hasoloan Oppusunggu 가 쁘깐바루에 있는 잭 라전트 Jack Largent 의 서신을 갖고 자카르타에 왔다. 잭은 하솔로안이 매우 어려움을 겪고 있던 시기에 그를 알게 되었으며 그를 그리스도께로 인도하여 함께 사역을 했는데 그러던 중 그에게 글 쓰는 은사가 있는 것을 발견했던 것이다. 그는 OMF가 문서 사역에 하솔로안을 고용할 것을 제안했다. 하솔로안은 교정과 책 재고 일을 돕기 시작했다. 이내 그는 번역과 편집 일을 맡게 되었다. 마침내 국영화하는 시기가 오자 그는 비나 까시 출판사 (야야신 꼬무니까시 비나 까시 혹은 YKBK라고 했으며 "아가페 출판사"라고도 했다)의 책임자로 임명되었으며 출판사는 1979년 초에 법적인 절차를 마쳤다. 다음 해 비나 까시 출판사는 OMF 사무실 옆 구역 안에 있는 새 건물로 이사를 했다.

성경 이야기 시리즈 다니엘 편

본문은 적고 그림이 많은 책들이 독서를 하지 않는 사람들의 관심을 끌었다. 미국에 소재한 데이비드 쿡쿡 David. C. Cook 출판사는 OMF에 예수님의 이야기책들을 보내 주었으며 그 다음에는 만화 형식으로 쓰인 성경 이야기 전체를 보내 주었다. 하솔로안이 그 자료들을 번역하고 번안했는데 그것은 20여 년 동안 36권의 재미있는 이야기책으로 출판되었다. 그 책들은 아이들과 어른들 모두에게 매우 인기가 많아서 지금까지 베스트셀러가 되고 있다. 그것은 또한 여섯 권의 전집으로도 출판되었다.

비나 까시 출판사와 데이비드 쿠크 출판사의 국제 사역팀은 가난한 아이들에게 무료로 나누어 주기 위해 신약을 「나는 길이요 진리요 생명이니」 라는 제목의 단권으로 만들어 86,000부를 인쇄했다. 리타 흄즈 Leatha Humes 는 인도네시아인 삽화가와 함께 만화 형

식으로 「천로역정」과 「내 교회를 세우리라」는 두 개의 시리즈를
더 출판했다.[1]

비나 까시 출판사는 성경주석 영역에 있어서도 탁월한 공헌을
했다. IVP Inter-Varsity Press 의 신약성경주석을 번역하는 방대한 작업이
1977년에 시작되었는데 무려 십 년 이상이 걸렸다. 그 번역 작업을
최대한 효과적으로 하기 위해 인도네시아의 존경받는 신학자와
지도적인 목회자들을 여섯 개의 서로 다른 종족으로부터 번역자
로 선택했다. 마틴 다인톤 Martin Dainton 은 하솔로안 오뿌숭구 가까이
서 마지막 편집과 퇴고 작업에 함께 참여했다. 마틴은 수년간 영국
본부에서 일하면서 또 다른 장기 프로젝트였던 「신약성경사전」과
다른 몇몇 책들을 번역하는 일을 감당했었다. 그는 많은 책을 집필
하기도 했는데 그 책들은 그가 죽은 후인 1994년에 출판되었다.

「새 성경 주석」과 「새 성경 사전」은 신앙적 핵심과 함께 해설이
있는 「오늘날 우리에게 말씀하시는 성경」 시리즈들과 함께 목회자
들과 사역 중에 있는 교육받은 성도들에게 유용한 도구이다. OMF
프로젝트들은 그 출판 비용이 전 세계로부터 오는 선물로 충당이
되었으므로 책들을 적절한 가격에 제공할 수 있었다. 자카르타에
있는 성공회 교회와 일부 그룹들은 졸업하는 신학생들에게 책 꾸
러미를 선물로 주었기 때문에 현재는 외진 지역에 있는 목사관에

도 조촐한 도서관이 있을 정도다. 신학서적 프로젝트는 건전한 성경적 문서들을 통해 교회를 건강하게 만드는 것을 목표로 한다. 비나 까시 출판사가 생각하고 있는 인도네시아 문서 선교 사역의 최근 프로젝트는 그리스도인들을 선교에 대한 성경적 소명으로 일깨우고, 교회를 준비시키고 활성

두 권으로 나왔던 첫 신약 사전

화 시키며, 복음을 들어보지 못한 사람들에게 직접 복음의 메시지를 전할 수 있는 문서를 개발하고 보급하는 것을 목표로 하고 있다. 최초의 선교 문서는 필리핀에 선교사로 가서 사역한 인도네시아 OMF 선교사인 리아 즈부아 Ria Zebua 가 2002년에 쓴 「쓰레기에서 향기로운 봉헌으로 Sampah Menjadi Persembahan」라는 책이었다. 이 책은 하나님께서 마노보 사람들 가운데서 어떻게 역사하셨는지에 대한 이야기를 담고 있으며 만다린어로 번역되었고 「은밀한 소망 A Secret Hope」이라는 제목의 영문 책으로도 출판되었다.

인도네시아인이 쓰는 글이어야 서구적 배경에서 나온 글을 번역하는 것으로는 도달할 수 없는 인도네시아인의 마음에 다가갈 수 있다. 1963년에는 낸시 다이셔가 70명의 기자들과 기자가 되기

를 원하는 사람들을 위한 저널리즘 강좌를 열었다. 그것이 인도네시아 작가들, 편집자들, 그리고 번역자들을 훈련시키는 **OMF** 장기 사역의 시발점이 되었다.

· · · · ·

메리 제인 페어클로스 Mary Jane Faircloth는 비나 까시 출판사에서 13년 동안 일하면서 수차례 집필에 대한 단기 강좌를 열었다. 반둥에 있는 두란노 성경학교 Tyrannus Bible Institute 로 옮겨 가면서 그는 인도네시아 최초의 기독교 매스커뮤니케이션 석사 과정을 열었다.

그곳 졸업생들은 기독교

메어리 제인 페어클로스;
두란노 성경 학교 캠퍼스에 있던 자기 집에서

출판사, 라디오 방송국, 이린이 복음 전도회, 성경 대학 교사 등과 같은 다양한 영역에서 사역하고 있다. 90년대에 이르러 비나 까시는 편집자 훈련을 포함한 기독교 커뮤니케이터들을 위한 강좌를 계속적으로 열었으며 1998년에는 잡지 출판을 위한 강좌를 열기도 했다.

1964년에 인도네시아 정부는 공산주의 교육을 통한 무신론의
영향이 커져가는 것에 대응하기 위한 노력으로 모든 교육기관에
서 종교를 필수 과목으로 규정하도록 했다. 공식적으로 인정된 다
섯 가지 종교인 이슬람교, 개신교, 캐톨릭, 힌두교, 그리고 불교의
지도자들은 그들의 종교적 가르침에 대한 교육 과정을 정부에 제
출해야만 했다.

· · · · ·

1965년에는 리타 흄즈 Leatha Humes 가 인도네시아 기독교교육위원
회와 함께 일하기 위해 초청되었으며 모든 기독교 학교에서 기독

리타 흄즈

교에 대해 가르칠 수 있는 12년간의
교육계획안이 만들어졌다. 그리고
그녀는 전국의 모든 공립학교에 커
리큘럼에 대해 가르칠 수 있게 되
었다. 이 광범위한 사역에는 개신
교 종교교육 교사들을 위한 강좌를
개설하는 내용과 연속되는 전국 기
독교 교육 컨퍼런스에서 연설을 하
는 내용까지 포함되어 있었다. 은

퇴했던 리타 홈즈는 1994년에 많은 교과서들을 개정하는 일에 참여해 달라는 부탁을 받았다. 새로운 규정에는 모든 교육기관에서 종교교육을 의무적으로 행해야 한다고 되어있었기 때문에 정부의 커리큘럼은 전국의 모든 아이들에게 성경 지식을 제공하는 기반이 되었다. 한 미국의 신학교가 이 사역에 대한 그녀의 역할을 인정하여 그녀에게 명예박사 학위를 수여했다.

리타는 찬송가를 만들 계획은 하지 않았다. 성경의 가르침을 내포하고 있는 잘 번역된 노래를 찾으면서 그녀는 교회음악 재단 Yamuger 의 멤버들과 함께 아이들의 찬양집인 「뿌지 뚜한 Puji Tuhan」출판을 끝마쳤다. 그 그룹은 1975년에 모든 찬송가 제작자들을 초청하여 이틀간 회의를 했다. 목적은 계속 함께 일하면서 자주 불리는 찬송가들을 잘 번역하고 훌륭한 인도네시아 고유의 찬송가를 개발하려는 것이었다. 1984년에는 첫 찬송가집의 「Kidung Jemaat」 초판이 출판되었다. 찬송가의 1/5 이상이 인도네시아 고유의 것이며 200만부가 넘는 복사본이 인쇄되고 있다. 1999년에 추가로 출판된 것은 56%가 인도네시아 고유의 찬송가이다.

• • • • •

1963년 1월에는 성서 유니온의 「매일성경 읽기 노트 Santapan Harian」가 발행되었다. 처음에는 OMF 문서팀이 그 노트를 출판했다. 서 자바의 다민족 개신교회들을 통해 성경 읽기를 촉진시키려는 사명으로 베스 앤스티스 Beth Anstis 를 성서 유니온의 대표로 선출했다. 목회자들을 위한 강좌가 열렸는데 그들 가운데 일부는 매일성경 노트를 쓰기 시작했다. 1969년에 다민족 개신교회 마이띠무 목사의 지도 하에 인도네시아 성서 유니온인 PPA Persekutuan Pembaca Alkitab 가 공식적으로 결성되었다. OMF 사역자들은 성서 유니온과 함께 긴밀하게 사역하면서 매일성경 노트를 쓰고 학생들이나 다른 그룹들을 위한 성경공부 서적도 집필하였으며 세미나 인도와 교사들을 위한 훈련 강좌도 열었다. 또한 인도네시아 성경협회 Indonesian Bible Society: LAI 와 함께 성경을 현지 언어로 번역하는 일에 참여했다.

· · · · ·

라디오는 복음을 전혀 듣지 못한 사람들이 자기 집에서 복음을 들을 수 있도록 해주는 효과적인 매체이다. 60년대 후반에 정부 규정이 완화되어 기독교 선교가 허용되었으며 교회와 개인이 방송국과 스튜디오를 세울 수 있게 되었다. 데이비드 헌틀리 David Huntley 는 라디오 방송에 관한 세미나를 인도하기 위해 인도네시아 교회협의회의 후원으로 싱가포르에서 왔다. 그는 극동방송 연합회의 인도네시아 지부 YASKI 를 세우는 일에 기술적인 부분들을 세세히 감독하면서 이 전략적 사역을 인도네시아인들이 직접 감당할 수 있도록 훈련하기 위해 가족들과 함께 2년 체류 계획으로 1972년에 자카르타에 왔다. 나중에 데이비드 스트레이 David Streich 가 합류하였으며 남 술라웨시로 방송하는 지역 언어 프로그램 제작을 수년간 진행했다. 그 사역은 느리고 난관이 많았지만 열매를 볼 수 있었다.

A Call to Grow in Dependence on Him Alone

더욱 그분만을 의지하라는 부르심

존 수와효 John Suwahjo : 1985~현재 본국 이사장

존 수와효

50년은 한 사람의 일생에 있어서는 긴 세월이지만 하나님의 시간으로는 그렇지 않다. 에베소서 1장을 보면, 하나님께서는 세계의 기초를 놓기 전에 이미 계획을 세우셨고 오늘날도 그 계획을 성취하기 위해 일하고 계신다.

인도네시아 OMF의 중요한 공헌 중에는 자국민 선교사를 동원한 것이 있다. 교회와 신학교와 선교 단체를 방문할 때, 사람들은 자신의 사역에서 OMF가 한 역할을 우리에게 확인시켜 주었고 그것은 우리에게 기쁨이었다. 본국 이사회 Home Council 의 탄생과 성장의 과정에는 불가분의 관계에 있는 OMF 사람들이 몇 명 있다.

본국 이사회는 1985년에 세워졌다. 리아 즈부아가 필리핀으로 파송 되기까지 12년이 걸렸다. 인도네시아 안에서 선교에 대한 관

심이 강하게 일어나고 있었지만, OMF에 들어오기에는 선교사 선발의 기준이 너무 높았다. 두 번의 총회 후에 OMF 국제 본부는 인도네시아인들이 자국 안에서 초문화적으로 사역할 수 있도록 하는 정책을 세웠다. 그리하여 1994년에 다문화 사역국이 세워졌다.

주님은 우리의 길을 은혜롭게 지도해 주셨다. 1999년에 다문화 사역 CCM; Cross Cultural Ministry 을 통합하여 오직 두 개의 종족에만 초점을 맞추었다. 2001년에 CCM은 본국 이사회와 합병했다. 하나님께서는 오늘날 우리들 가운데 많은 사람이 느끼고 있는 불만을 통해 우리를 인도하신다. 한 멤버가 이런 문자를 보내왔다: "오른 쪽을 보아도, 왼쪽을 보아도 문제가 없는 곳이 없네요."

이 모든 일을 돌아볼 때 나는 주님께서 우리 자신을 의지하기보다 주님을 더 신뢰하고 의지하도록 부르신 것이 아닌가 하는 생각을 하게 된다. 여러 가지 면에서 우리는 기술과 연구조사, 전략, 목표, 시스템, 그리고 과정을 하나님보다 앞에 둔다. 우리는 영적으로 성장하게 해달라고 하는 대신에 우리의 계획을 축복해 달라고 하나님께 구하지 않았던가? 운영 방침이 먼저 정해지면 하나님을 의지하기보다 OMF의 방침과 경험을 의지하며 아무 갈등 없이 OMF의 방침들을 다문화 사역에 적용하게 되는 함정에 빠지기 쉽다.

우리에게는 자신의 이해를 의지하는 경향이 있다. 특별히 OMF와 같이 이미 안정된 선교 조직이어서 하나님의 신실함을 많이 체

험한 경우 더욱 그럴 수 있다. 그러므로 우리가 과업을 완성할 수 있도록 해주는 것은 장차 주실 은혜라는 사실을 깨닫는 것이 매우 중요하다.

From OMF Field to Sending Body

#8
OMF 선교지에서 파송 국가로

인도네시아 **OMF**의 최초 일본인 사역자인 오가와 J. K. Ogawa 는 선교란 서구 사람의 전용물이 아니고 모든 그리스도인의 사명이라고 알고 있었다.

오가와는 자바 사람들과 자신을 동일시하기를 원했다. 그는 언어 공부를 하는 동안 인도네시아와 자바 소설들을 읽으면서 무시바 musibah 라는 개념을 배웠는데 그것은 너무나 자주 인도네시아 사람들을 압도하는 비극에 관한 것이었다. 오가와 가족은 태어난 지 채 하루도 되지 않은 셋째 아기가 죽어서 동일한 경험을 했다. 교회 식구들은 사랑으로 그들을 감쌌으며 그들이 쬐끄만 아기의 장례 준비를 하는 것을 도왔다. 그 아기의 무덤은 출생 2개월 만에 죽은 인도네시아 목사 아들의 무덤 옆이었다. 같은 슬픔을 나누었을 때 그들과 살라띠가 사람들은 다른 어떤 것으로도 가능할 수 없는 연결고리로 이어졌다. 오가와는 1973년에 중앙 자바에 있는 뮤리

J. K.와 히로꼬 오가와 가족

아 교회와 함께 일하기 시작했는데 처음에는 순회 복음전도자로 그리고 그 다음에는 성경학교 교사로 대학생들과 함께 사역했다. 1978년에 그는 살라띠가에서 팀 목회를 하여 동료 아브디와 그곳 교회 개척을 도왔다. 교회는 성장하여 1980년에는 세 곳의 아웃리치 지역과 230명이 넘는 회중에 이르렀다. 많은 성도들이 설교와 예배 인도와 다른 사역에 참여했으며 매년 두 번씩 리더십 훈련 강좌가 열렸다.

인도네시아 성도들은 자신들을 받기만 하고 보내는 교회는 아닌 것으로 알고 있었다. 스마랑에서 오가와 부부는 매달 집에서 선교 기도회를 했다. 사람들은 처음에는 호기심을 가졌지만 숫자가 점점 줄어들었다. 살라띠가에서는 매월 열리는 선교 모임을 토요일마다 정규적으로 열리는 젊은이들 프로그램과 연결시켰다. 오가와는 복음전도 사회사업국 PIPKA 이 발리의 전도를 위해 파송할 한 젊은 부부를 살라띠가 교회와 연결되도록 했다. 교회는 그 부부를 기도와 헌금으로 후원하다가, 8월 어느 날 20명의 대학생들을 데리고 그들을 방문하러 발리로 갔다. OMF의 첫 인도네시아 선교사인 한나 한도효 Hannah Handojo 가 살라띠가를 방문하여 기도회를 인도했다. 그때로부터 매달 선교 헌금을 했고 집사들의 승인 아래 그것을 OMF에 보냈다. 그들은 선교하는 교회가 된 것이었다.

> "우리는 해외에 파송된 선교사로서 현지에 교회를 세울 뿐 아니라,
> 그들로 하여금 해외선교에 참여하도록 인도해야 할 것이다."
> -오가와(J. K. Ogawa) -[1]

• • • • •

한나 한도효 Hanna Handojo 는 목회자의 딸로서 성경학교에서 훈련을 받았고 수년간의 교회 사역 경험이 있었다. 1977년, 그녀가 해외 선교에 대한 소명을 가지고 OMF를 방문했을 때 OMF는 아직 선교사 후보자를 받아들일 체제를 갖추고 있지 않았다. 한 위원회가 한

한나 한도효

나를 인터뷰했으며 그녀는 1978년 6월 싱가포르에서 열린 오리엔테이션에 참석하게 되었고 싱가포르 본국 이사회가 그녀를 받아들였다. 그리하여 한나는 필리핀으로 가서 교회 개척 사역에 끝까지 헌신하다가 건강이 매우 악화되어 1993년에 선교지를 떠났다.

• • • • •

존 수와효 John Suwahjo 를 의장으로 하는 인도네시아 OMF 본국 이사회는 1985년에 형성되었다. 이사회의 첫 번째 과업은 모든 기독교인과 교회에 선교의 비전을 심어 주고, 그들에게 모든 필요를 공급하시는 하나님에 대한 믿음과 선교사를 파송하고 후원하는 교회의 역할 등에 관한 OMF 원칙들을 가르치는 것이었다. OMF의 시청각 교재나 문헌을 인도네시아어로 번역하는 일은 이미 잘 진행되고 있었다. 정규적인 기도편지를 보냈는데 1990년에 이미 600명이나 되는 리스트가 있었다. 주일 오후의 기도모임이 OMF의 자카르타 선교관에서 매달 열렸고, 선교기도 모임도 여러 도시에서 있었는데 주로 OMF 멤버들이 인도하였다. 그리고 선교 세미나

 가 해마다 자카르타에서 열렸다.

리아 즈부아 Ria Zebua 는 족자카르타에서 신학을 공부했는데 거기서 OMF 호주 선교사인 안젤라 호프 Angela Hope 를 알게 되었다. 1993년 크리스마스에는 셜리 벤 Shirley Benn 이 이끄는 "호주·인도네시아 스타디 투어"에 참여했다. 그 여행에서 리아는 자신의 부르심이 필리핀이라는 소명을 확인하는 경험을 하였다. 졸업 후에 그녀는 니아스 섬에 있는 고향 교회 BNKP와 함께 일했다. BNKP 노회에서는 니아스에 복음이 처음 들어간 지 130주년이 되던 해를 기념하여 기쁜 마음으로 리아를 첫 OMF 협력 선교사로 안수하여 파송하였다.

리아는 1996년 6월에 OMF 코디네이터로 자카르타에 왔다. 그곳

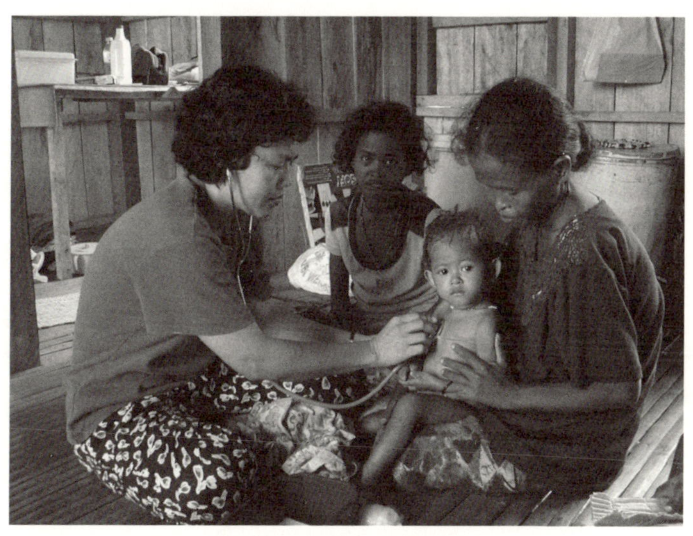

필리핀에서 사역하던 리아 지부아. 두 번째 텀

에서 믿음의 연단을 받으면서 하나님께서 현실적으로 부르심을 확증해 주시기를 기다렸다. 1997년 2월에 인도네시아를 떠나게 되었는데, 강력한 기도 후원과 전적인 재정 지원, 하나님의 예비하심에 대한 놀라운 간증, 그리고 본국 이사회의 대단한 격려가 그 배후에 있었다. 필리핀에서 리아는 필리핀인 선교사 몇 명과 함께 마노보 부족 사역을 했다. 그 과정에서 여러 가지 어려움이 있었지만, 하나님께서는 그 궁핍한 사람들에 대한 긍휼의 마음을 주셔서 잘 감당할 수 있었다. 2001년에 그녀는 하나님의 일하심에 대한 감동적인 간증을 가지고 본국 사역을 위해 돌아왔다.[2]

인도네시아에는 뚜렷한 토착 교회가 없는 부족이 200여 종족 이상 있다. 그런데 다른 종족들 중에는 하나님께서 동남아시아에도 손꼽히는 큰 교회를 몇 개 세우셨다. OMF 필드 팀은 1990년대 후반부터 비자와 그 외의 이유 때문에 그 인원이 줄어들기 시작했다. 그렇지만 인도네시아의 그리스도인들은 복음을 전해야겠다는 비전을 붙잡았다. 이러한 상황에 있을 때 "해외선교 overseas mission"가 "해외로 가는 abroad " 것을 의미하는 것이 아니라는 자각이 일어나게 되었다. 1994년에 OMF는 인도네시아에서 타문화 선교 사명을 가진 인도네시아 기독교인들을 준비시켜 국내에 파송하는 일을 활성화시키기 위해 다문화 사역분과 PLB, Pelayanan Lintas Budaya 를 설립

했다. 초창기에 마두라의 에디 빠이문 목사 Rev. Eddy Paimoen 가 이 사역을 주재했다.

동원이 그 열쇠였다. 1995년에 CCM 다문화 사역 팀; Cross-cultural Mission 은 서부와 중부 칼리만탄, 그리고 남 수마트라의 시골 지역에 자바 신학생들을 보내어 단기적인 실제 사역을 경험하게 했다. 미개한 환경 속에서 이질적인 사람들과 겪는 문화 충격을 애써 이겨내면서 어떤 학생들에게는 그것이 변화의 경험이 되었다. CCM의 목표는 미전도 부족에 대한 부담감을 고취시키는 것과 학생들이 졸업 후에 고국이나 해외에서 선교 사역을 하도록 격려하는 것이었다. 2002년 9월에 남 수마트라의 람풍과 서 칼리만탄으로 갔던 전문인 청년들의 "비전 여행"도 두 차례 모두 동원을 목표로 이루어진 것이었다.

처음 하는 사역들은 그 범위가 넓었다. CCM은 시골 교회 지도자들에게 훈련 코스를 제공했고 정부의 임지를 따라 외딴 섬으로 가려는 의사와 치과의사들이 사역자로서 갖추어지는 좋은 준비 코스가 되었다. 전임 사역자들은 인도네시아 전역의 다양한 상황 속에서 일했다. 어떤 사람들은 다수가 믿는 종교인들에게 들어가 일했고, 어떤 사람들은 정령숭배 배경을 가진 사람들 사이에서 일했으며, 교회와 연관되어 일하기도 하고, 창조적인 방법으로 가교 역할을 하기도 했다. 1999년에는 두 개의 인종 그룹에 초점을 맞추고 그곳 가운데 팀을 만들어 사역하기로 결정했다.

2001년에는 본국 이사회와 CCM이 존 수와효의 지도 아래 합해졌다. 존과 그의 아내 킴은 처음부터 CCM을 지원해 왔으며 두 개의 사역은 OMF 자카르타 센터에서 매달 함께 기도회를 가졌다. 어떤 사람들에게는 CCM이 해외선교의 훈련 기지가 되었다.

. . . . .

안드레시우스 남시 Andersius Namsi 는 족자카르타에서 공부를 마치고 제약회사에 다녔는데, 그 동안 아내 라트나와 그곳의 작은 교회를 섬겼다. 그들은 1996년에 CCM에 합류하여 남부 수마트라로 갔다. 주민 몇 안 되는 작은 마을에서 2년을 물도 전기도 없는 집

안드레시우스와 라트나 남시

에서 불신자인 이웃들과 함께 살고 일하면서, 그들이 지방 관리들을 대할 때 도와주었고, 학교에서는 그들의 자녀들을 가르치면서 우정의 다리를 쌓았다. 남시는 마을 지도자로 선출되었고 몇 사람을 그리스도께로 인도하는 기쁨을 누렸다. 자카르타 사무실에서 CCM 본국 이사회의 행정 비서로 1년 동안 일하고 싱가포르에 있는 아시아 다문화 기관 ACTI: Asia Cross-Cultural Training Institute 에서 강사로 섬기다가, 그들은 OMF 멤버가 되어 태국 남부의 말레이 사람들에게로 파송되었다.

2001년 8월에 남시가 기록한 글을 보면 "이 지역 사람들 가운데서 8개월을 살고 보니, 마치 우리가 돌투성이 밭에 두리안을 심고 있는 기분이었습니다.

… 그 돌들을 제거하고 땅을 비옥하게 만들기 위해서 기쁜 마음으로 열심히 일하는 것이 필요합니다. 그리고 긴 안목을 가지고 인내해야 합니다."라고 적혀 있다.

인내가 필요하고 우리 모두의 기도가 필요하다. 남시와 라트나는 이런 도전적인 사역을 하면서 힘든 건강 상태 속에서도 역경을 잘 견뎌내고 있다.

각주

p.123 **1.** Unlimited Purpose, OMF 1986, p108
p.126 **2.** 리아 즈부아, Sampah Menjadi Persembahan

We Rejoice Together

#9
우리는 함께 기뻐한다.

인도네시아의 기존 교회를 섬기는 종으로 사역하겠다는 결정은 OMF 필드가 다른 종류로 변화되는 결과를 가져왔다. 각 멤버는 서로 다른 교회의 후원을 받았고 교회 리더십에 책임을 다했다. 그들은 교회의 목적을 자신의 목적으로 받아들였고 우선적인 교제권을 그 교회 안에서 찾았다. 서부 칼리만탄은 예외적으로 OMF 사역자들이 교회개척 팀 안에서 친밀하게 동역했다. 다른 곳에서는 OMF의 비전과 목표의 지침 내에서 개인적으로 하나님의 인도를 따를 자유가 있었는데, 그때 인도네시아의 현지 리더십과 협의를 했다.

그럼에도 불구하고 OMF 가족은 중요했다. 새 사역자들은 현지어 공부와 문화 적응을 할 때 지속적으로 도움을 받았다: 70년대에는 그러한 양육이 팍 니키줄루 (Pak Nikijuluw)가 가르치는 OMF 코스를 따라서 자카르타에서 이루어졌다. 1982년부터는 OMF의 언어와

필드 컨퍼런스. 1960년

오리엔테이션 코디네이터의 세심한 도움 아래 반둥의 임락 IMLAC: Inter-Mission Language Acquisition Center 학교에서 그 과정을 거쳤다. 같은 지역 안에 사는 OMF 멤버들은 정규적으로 기도회에서 만났고, 인도네시아 필드에 파송된 선교사들이 모이는 필드 컨퍼런스는 영적 쇄신과 교제를 할 수 있는 특별한 시간이 되어 주었다. 80년대 후반부터는 멤버들이 서로 격려하고 서로를 위해 기도해 줄 수 있는 지역 수련회도 열렸다.

교회와 관련된 비자 발행이 중단되고 더욱 집중적인 선교에 대한 갈망이 생겨서 새로운 종류의 사역을 하게 되었다. 1994년에 필

잘란 까르티니에 있던 OMF 자카르타의 첫 번째 사무실

드는 신학 사역, 전문인 사역, 그리고 본국 사역 이렇게 세 가지 사역으로 조직되었다. 인도네시아 OMF는 2002년이 50년이 되는 해였기 때문에 선교지에서는 다섯 개의 그룹 아래 사역을 재조정하는 작업이 시작됐다. 회의 Consultation 와 수련회, 그리고 전문가 네트워크 Professional Network 나 본국 중심 사역의 기도 링크 Home Based Ministries' Prayer Link 와 같은 네트워킹 출판물로 서로를 격려하고 기도할 수 있도록 했으며 아이디어와 자원을 서로 나누고 전략과 비전을 통해 생각할 수 있는 기회를 제공했다.

가족에게는 근거지가 필요하다. 1956년이 되자 인도네시아 OMF 본부는 자카르타에 소재해야 한다는 사실이 분명해졌다. 놀

자카르타 필드 사무실을 1m나 물 속에 잠기게 했던 1996년 2월의 홍수.
피해를 살피고 있던 에릭 마이클 부대표. 이런 날은 하루가 매우 길게 느껴진다.

랍게도 한 불교인이 꿈을 꾸었는데 그 꿈대로 교회라고 지었던 건물을 OMF가 획득할 수 있는 길을 주님께서 열어 주셨다. 잘란 까르띠니에 있는 미션 홈은 수년 동안 OMF 사역을 위해 사용되었다.

이 건물이 협소하게 되자 한 친구가 도시 가장자리에 개발 계획을 세우는 방법을 제시했다. OMF는 그곳에서 어디서도 가능하지 않은 적은 액수로 한 구역의 땅을 구입할 수 있었다. 1974년 1월에 OMF는 쫌빠까 뿌띠로 새 미션 홈을 옮겼다. 새로운 계획을 제안했던 그 친구는 거대한 티크 나무와 숙련된 목수를 보내어 가구들을 전부 만들게 했는데 아직까지도 사용되고 있다. 1981년에 새롭

자라게 하신 하나님 | OMF 인도네시아 · 초기 50년

게 독립한 문서사역인 비나 까시 출판사도 매우 적절한 가격으로 OMF에 인접한 새 사무실 구역에 위치하게 되었다.

20년 후, 그 한적했던 주위 환경은 귀청이 떨어져 나갈 듯이 소란스러운 10차선의 주요간선 도로가 되었으며 지금은 중앙 자카르타 구역으로 구분되고 있다. 그리고 사역은 또 다시 그 건물로다 수용할 수 없을 정도로 성장했다. 1996년 2월 갑작스럽게 홍수가 나서 커뮤니케이션 센터 계획을 추진하게 되었다. 선교지와 본국 이사회, 다문화 사역, 선교훈련 센터, 그리고 비나 까시 출판사의 늘어난 설비를 위한 사무실 공간이 필요했기 때문이었다. 예기치 않았던 큰 선물들이 계속 들어왔기 때문에 수정된 계획을 진행하려는 결정에 대해 확신을 가질 수 있었다. 경제적, 정치적 위기가 방해가 되었지만 계획의 첫 단계인 2001년에는 3층짜리 게스트 홈이 완공되었다. OMF 사무실은 옛 건물에 그대로 남아 있었지만 홍수가 미칠 수 있는 수위보다 더 높은 이층으로 옮겼다.

1957년에 인도네시아에는 20명의 OMF 사역자들이 있었다. 1971년에는 본국 사역에 참여한 사람들을 포함하여 총 사역자가 65명에 이르렀다. 1980년에 는 78명으로 가장 많은 숫자의 선교사가 있었지만 인도네시아의 OMF 장기 사역자들은 서서히 감소되었다. 그러나 서브 아시아 프로그램 (전의 SPOT)의 단기 사역자들은 점

2001년 12월에 완공된 자카르타 선교관.
OMF 안팎의 기독교 사역자들에게 전략적인 만남의 장소가 되었다.

점 더 중요해졌다. 휴학이나 여름방학 중에 있는 학생들 그리고 조기 은퇴했거나 직업을 바꾼 전문가들은 신속하게 자기들의 기술과 열정을 인도네시아 학생들에게 쏟았다. 그러한 경험이 장기 선교의 기초가 된 경우도 있었다. 아쯤 테슈너 Achim Teschner 는 단기 사역자였는데 이만 IMAN 신학교와 다른 신학교에서 의미 있는 사역을 하고자 다시 돌아왔다.

OMF는 외국인만의 단체가 아니었다. 야야산 쁘르스꾸뚜안 크리스튼 인도네시아 YAPKI 는 인도네시아에서 OMF를 공식적으로 대표하는 기관인데 1956년 3월에 설립될 때는 OMF의 재산을 소유하는 법인체였다. 여러 해가 지나면서 재산이 더 늘어나게 되었다. YAPKI 이사회 멤버들과 인도네시아의 원로 기독교인들이 OMF에 참고가 될 만한 현명한 충고를 해주었다. 그분들 중 몇 사람이 비나까시 출판사 이사였다. 엔당 수산띠 Endang Susanti 는 1974년부터 OMF 사무실에서 근무했다. 그를 비롯하여 사무실 직원들은 매우 헌신적이다. 본국 이사회와 CCM이 지금의 BPLB로 발전되었다는 사실은 다시 한 번 OMF의 비전을 상기시켜 주고 있다; 외국인 기독교인과 인도네시아 기독교인들이 함께 일하여 복음을 듣지 못한 사람들에게 복음을 전하고 또 하나님의 교회를 함께 세워가는 것이다.

· · · · ·

다이아나 프로스트 Diana Frost 라는 한 사람 덕분에 인도네시아의 OMF의 사역이 더 포괄적이고 더 분명한 초점을 가지게 되었다. 그는 메단에서 첫 임기 중에 도시 중앙에 있는 한 다민족 개신교회 회중 삶에 다양한 모습으로 참여하게 되었다. 또한 막 성장하기 시작하는 캠퍼스 사역과 함께 교육, 훈련, 그리고 목회 사역으로 학생들의 세계에도 참여했다. 두 번째 임기에서는 다민족 개신교회 사역자로 임명되어 메단 근교에 거주하며 지 교회 개척을 도왔다. "그 몇 년 간은 참으로 어려웠지만 좋은 시간들이었습니다. 빈 차고에

다이아나 프로스트. 학생들과 함께

서 몇 명의 헌신자가 생기더니 차고 넘치는 회중으로 성장하는 것을 볼 수 있었지요."

신자가 거의 없는 한 종족 가운데 잠시 동안 전도의 문이 열렸을 때 다이아나는 다민족 개신교회의 후원으로 그곳에 복음을 가지고 들어갔다. 장기간 있고 싶었지만, 그 소망은 이루어지지 않았다. 그러나 그 경험은 그녀의 삶에 깊은 영향을 주었다. 다이아나는 메단으로 돌아와 본 콜린스 Vaughn Collins 의 뒤를 이어 그러한 지역에서 사역하기를 원하는 학생들을 훈련시키고 그들을 후원하기 위해 만들어진 기도그룹을 인도했다.

다이아나는 비자 정책 때문에 안식년으로 가서는 스코틀란드 에딘버러 대학에서 수학했고, 그 후에 인도네시아 자카르타의 기독대학으로 옮겨 갔다. 영어를 가르치는 일 외에도 다이아나는 학생들과 직원들 가운데서 캠퍼스의 영적 사역에 참여했고, 교목 센터를 개발했다.

90년대 OMF는 다양한 종족 그룹에 더 초점을 맞추어 사역하게 되었다. 다이아나에게는 지혜와 경험이 있었기 때문에 CCM과 선교전략 위원회에서 매우 중요한 사람이 되었다. 마침 CCM에서는 인도네시아인들을 동원한다는 분명한 비전을 세우고 그 비전으로 실제 사역을 하는 일에 분투하고 있었기 때문이다. 다이아나는 거의 25년 전에 현지어를 공부했던 그 지역에서 영어를 가르치기 위해 2002년에 다시 수마트라로 돌아갔다.

내 사역의 초점은 우정을 맺고, 몇 명 안 되는 현지 신자들을 격려하며, 늘어나고 있는 하나님의 사람들의 모임을 위해서 기도하고, 각 성도들을 격려하여 자기 종족의 영적 필요뿐만이 아니라 주위의 미전도 종족들에게도 나아갈 수 있도록 격려하는 일이다.

복음을 듣지 못한 사람들에 대하여 열정을 가지며 인도네시아 교회와 헌신적으로 동역한다. 우정을 맺고, 기도하며 격려하고 복음을 전하면서 그 과업을 함께 이룬다. 한 사람은 심고 다른 사람은 물을 줄 때, 우리는 하나님께서 자라게 하시는 것을 보며 모두 기뻐하는 것이다.

1952~2002년 사이의 인도네시아 OMF 멤버들

Aldis, Rosemary (UK)
Anstis (Ferfuson), Beth (AU)
Bachmann Richard & Elizabeth (CH)
Baker, David & Elizabeth (UK)
Bamford, David & Janice (CA)
Barker (Wirawan), Ailsa (NZ)
Beatty, Ed (UK) & Marjorie (US)
Benn, Robert & Laurel (AU)
Benn, Shirley (AU)
Bentley-Taylor, David (UK) & Jessie (CA)
Berkey, Paula (US)
Bernstein, Rudi (DE) & Sue (UK)
Birch, George and Grace (CA)
Bird, Tony & Carole (UK)
Bradshaw, Mac & Rhoda (US)
Braschi, Guido (IT) & Linda (UK)
Bruning, Anne (NZ)
Burtzlaff, Reinhard (DE) & Elizabeth (UK)
Castor (Johnson), Molly (US)
Chambers, John & Ruth (UK)
Chastain, Warren+ & Betty (US)
Clark, Keith & Elizabeth (NZ)
Clarke, Rupert+ & Jeannette+ (ZW)
Cocks, Graham & Elizabeth (AU)
Colestock, Corey (US)
Collins, Vaughn & Rosella (US)
Cooper, Don & Helen (AU)
Crisostomo, Marlene(PH)
Crowther, Danny & Suzanne (UK)
Dainton, Martin+ & Margaret (UK)
De Waard, Nellie+ (US)
Deischer (Nasution), Nancy+ (US)
Dixon, Roger & Janice (US)
Docker (Syaranamual), Hilary (UK)
Duerler, Davd & Micky (US)
Dunn, MIchael & Diana (UK)
Dykema, Gerald (CA) & Loretta (US)
Eames, Steve & Carol (US)
Edwars (Clough), Anne (UK)

Eksteen, Beryl (ZA)
Ellis, David & Adele (UK)
Erickson, Carol (US)
Eves, Ailish (UK)
Eyles, Wendy (AU)
Faircloth, Mary Jane (US)
Fickenscher, Peter (US)
Foster, Derek & Rosemary (UK)
Frost, Diana (UK)
Gaetz, Keith & Wanda (CA)
Galloway, Brenda (UK)
Carcia, Ban & Maryan (PH)
Goldsmith, Martin & Elizabeth (UK)
Go-Soco, Janice (PH)
Giness Henry & Mary (UK)
Han, Paul & Joy (KR)
Harris ,Annette (UK)
Harris Frank (UK) & Eunice (US)
Harris, Suzanne (AU)
Hazlewood, David & Helen (UK)
Herbert, Chris & Carole (AU)
Hills, Brian (UK) & Katharina (CH)
Hinton, Keith (AU) & Linnet (NZ)
Ho, Spring (HK)
Hodges, Rob & Catherine (US)
Hope, Angela (AU)
Hope, Irene (AU)
Hopwood, Barbara (US)
Houliston, Don & Sylvia+ (ZA)
Humes, Leatha (US)
Huntley, David (UK) & Ruth (AU)
Iveson, Simon & Julie (AU)
Jeffries, Peter (AU)
Jones, Gwyneth (UK)
Keller, Armin & Ruth (CH)
Kent, Minnie+ (US)
Kerslake, Ann (AU)
Keum, Daniel & Young Mi (KR)
Killough, Ellen (US)

Kim, John & Yoon (KR)
King, Percy & Ventress (AU)
Kirk Margaret+ (NZ)
Knierim, 껴야 (DE) & Susi (CH)
Knights, Steve (UK) & Edith (CA)
Konieczny Richard (CA) & Kathleen (US)
Largent, Jack & Darlene (US)
Lattin (Rystrom), Marjorie (US)
Layda, William & Eden (PH)
Lea, Anne (UK)
Leng, Bill & Nanc (AU)
Lewis, Charles & Edna (US)
Lewis, Sam (UK) & Lilly (CA)
Lister, Ellen (UK)
Longley, Guy (UK) & Barbara (CA)
Lowry, Peggy (US)
Lunn, Josephine (UK)
Macqueen, Tony (UK) & Heather (AU)
Marx, Dorothy (DE)
McCarty, Ruth (US)
McCulloch, Ron & Patty (UK)
McDonald, Elsie (NZ)
McElroy, Steve (CA) & Elly (ID)
McFarland, Beth (UK)
McIntosh Norman+ (NZ)
Mwiwe, Ueli & Esther (CH)
Michael, Eric & Rita (US)
Michell, Brian & Lois (NZ)
Mock, Joe (AU) & Mavis (SG)
Nachtigäller, Bernard & Ulrike (DE)
Nelson, Barbara (US)
Newton, Derek & Audrey (UK)
Ogawa, Kunimitsu & Hiroko (JP)
Orr, Max+ & Joan (UK)
Perry, St. John & Eleanor (UK)
Peterson, Bob+ & Martha (US)
Porter, Ray & Janice (UK)
Poynor, Paul (US) & Alice (CA)
Quinn, Elsie (UK)

Redworth, John (UK) & Dawn (ZA)
Rhee, Peter & Mee Hey (KR)
Ritzmann, Martin & Anita (CH)
Roberts (Latimer), Anne (HK)
Roberts, Graham (AU) & Frieda (US)
Rowe, Stanley (UK)
Ruby, Carl & Colleen (CA)
Ruck, John & Anne (UK)
Ryland-Jones, Malcolm & Anne (UK)
Sadler, Douglas (UK)
Sandral, Susan (AU)
Schaffeler, Hanni (CH)
Schröder, Wolfgang & Brigitte+ (DE)
Smales, Alistair & Jacky (NZ)
Snow, Frank & Catherine (UK)
Son, Chang Nam & Sylvia (KR)
Steed, George (CA) & Ruth+ (US)
Streich, David & Judy (US)
Swarat, Karsten & Annette (DE)
Tan, Chik Kaw (MY) & Kay (UK)
Teschner, Achim & Tina (DE)
Thomas,, Margaret (CA)
Thompson, Jane (UK)
Toorman, Alex (BE) & Ginger (US)
Tuttle (Kaino), Marilyn (US)
Van der Velde, Henk & Marian (NL)
Vogel, Andreas (DE) & Bambi (PH)
Wade, Joan (AU)
Watts (GILL), Laurian (NZ)
White, Michael & Caroline (UK)
Whitehead Marian (NZ)
Wiffen Philip & Aison (UK)
Williamson, Mabel+ (US)
Wolzak, Coby (NL)
Wong, Sㄴ며 Chee (SG)
Wylie, Don (SAU) & Sybil (US)
Young, Margaret (UK)
Zahnd, Markus & Christine (CH)

Nellie de Waard, 1961년 9월 17일
Yuki Ogawa, 1979년 3월 23일
Timothy Mock, 1980년 6월 7일
Brigitte Schröder, 1991년 3월 28일

국가별 약자

AU   호주
BE   벨기에
CH   스위스
DE   독일
HK   홍콩
ID   인도네시아
IT   이탈리아
JP   일본
KR   한국
MY   말레이시아
NL   네덜란드
NZ   뉴질랜드
PH   필리핀
SG   싱가포르
UK   영국
US   미국
ZA   남아프리카 공화국
ZW   짐바브웨

OMF 멤버로서 12개월 이상 인도네시아에 머물렀던 선교사들의 명단이다.
마가렛 데인턴이 명단을 작성했고 리타 흄즈와 로즈메리 앨디스,
그리고 멀자 렝콘이 확인해 주었다.

omf

1865년 허드슨 테일러가 창설한 중국 내지 선교회(CIM : China Inland Mission)는 1951년 중국 공산화로 인해 철수하면서 동아시아로 선교를 확장하고 1964년 명칭을 OMF International로 바꿨다. OMF는 초교파 국제 선교 단체로 불교, 이슬람, 애니미즘, 샤머니즘 등이 가득한 동아시아에서 각 지역 교회, 복음적인 기독 단체와 연합하여 모든 문화와 종족을 대상으로 예수 그리스도가 구세주이심을 선포하고 있다.
세계 30개국에서 파송된 1,300여 명의 OMF 선교사들이 동아시아 18개국의 신속한 복음화를 위해 사역 중이다.

OMF 사명
동아시아의 신속한 복음화를 통해 하나님을 영화롭게 하는 것이다.

OMF 목표
하나님의 은혜를 통하여 동아시아의 모든 종족 가운데 성경적 토착교회를 설립하고, 자기 종족을 전도하며 타종족의 복음화를 위해 파송되는 것을 목표로 한다.

OMF 사역 중점
우리는 미전도 종족을 찾아간다.
우리는 소외된 사람들에게 관심을 갖는다.
우리는 복음을 전하는 일에 주력한다.
우리는 현지 지역교회와 더불어 일한다.
우리는 국제적인 팀을 이루어 사역한다.

OMF International - Korea
한국본부 (137-828) 서울시 서초구 방배본동 763-32 호언빌딩 2층
전화 02-455-0261, 0271 **팩스** 02-455-0278 **홈페이지** www.omf.or.kr **이메일** omfkr@omfmail.com

자라게 하신 하나님
인도네시아 OMF : 초기 50년

GOD MADE IT GROW
OMF Indonesia • The First 50 Years

1판 1쇄	2016년 12월 5일
지은이	앤 럭 등 외
옮긴이	허영자
발행인	최태희
디자인	김석범
발행처	로뎀북스
등록	2012년 6월 13일 (제 3331-2012-000007호)
주소	부산시 남구 황령대로 319가길 190-6, 101-2102
팩스	051-467-8984
이메일	rodembooks@naver.com
ISBN	978-89-98012-26-7 03230

이 도서의 국립중앙도서관 출판예정도서목록(CIP)은 서지정보유통지원시스템 홈페이지(http://seoji.nl.go.kr)와
국가자료공동목록시스템(http://www.nl.go.kr/kolisnet)에서 이용하실 수 있습니다.(CIP제어번호: CIP2016027081)